国家出版基金项目
NATIONAL PUBLICATION FOUNDATION

"十二五"国家重点图书出版规划项目
国家出版基金资助项目
湖南省重点图书资助项目
湖南省法治文化精品项目

如何当好调解员系列丛书

主　编◎谢　勇　廖永安

人民调解能手访谈录

RENMIN TIAOJIE NENGSHOU FANGTANLU

廖永安 邓春梅 主编

胡军辉 雷　勇 副主编

湘潭大学出版社

“法治湖南建设与区域社会治理”协同创新
中心平台(矛盾纠纷化解与区域社会治理)建设成果

湖南省社科基金重点委托项目
“法治湖南框架下调解理论创新与规则之治”(12WTB30)

“如何当好调解员系列丛书”编委会

总　序

调解，亘古绵延，传承至今，不仅是中华民族的优良传统，也是享誉世界的纠纷解决之“东方经验”。在长达数千年的历史长河中，调解不仅是外显于传统社会的治理模式，也是内嵌于淳朴人心的处事习惯与生活方式；不仅是人们定纷止争的理想选择、思维习惯，也是为人们所称颂的息事宁人、和睦相处的传统美德。更为弥足珍贵的是，源自于东方的调解文化，在发展和传播的过程中，其理念和价值早已为域外文明所接受，成为西方话语主导下的现代司法体系中一个难得的东方元素和中华印记。

穿越数千年，历久而弥新。发源于传统中华文化，扎根于现代司法体系中的调解，在社会转型、矛盾凸显的历史新时期，俨然已成为社会和谐稳定不可或缺的降压阀、消火栓。当前，我国正处于经济社会发展的重要战略机遇期和社会矛盾凸显期，维护社会和谐稳定的任务艰巨、繁重，构建人民调解、行政调解、司法调解“三位一体”大调解格局，已成为推进社会矛盾化解、推进社会治理创新的重要抓手，成为多元化纠纷解决机制中的重要一环。然而，在时代赋予调解更多使命，在社会寄予调解更高期待的同时，调解能否承载起这样的使命，能否满足这样的期待，却还是一个值得探讨和反思的问题，以至于无论是在学术界，还是在实务界，依然还存在不少争议。盖因为调解理论研究及规范建设的相对滞后，使调解的价值局限于传统的小圈子里，使调解的作用止步于调解员的个人经验前，调解的体系化、规则化、标准化建设亟待加强，影响了调解价值理念的广泛认同以及功能作用的充分发挥。以调解员的培训为例，作为调解的主体力量，目前活跃在人民调解、行政调解、司法调解战线上的调解员数以百万计，但是，调解员队伍建设缺乏强有力的理论指导和体系化的培训支撑。调解员队伍规模很大但素质参差不齐，调解程序因地制宜但缺乏必要的规范，调解方法灵活多样但主要囿于直接经验。因此，建立科学、系统、规范、实用的调解员理论体系和调解员培训体系，已经是调解事业可持续发展的关键瓶颈，亟待各方重视，抓紧解决。

经由近年来中外法律的交流，我们已经了解到，在调解这一领域，不少后发国家，调解的学科化或科学化发展趋势十分明显。社会学、心理学、神经学等研究成果在调解领域的广泛应用，不仅大大提升了调解的科学化水平，还使调解成为了一门新兴的综合学科。体系化、标准化的调解课程不仅是调解员培训必修的课程，也成了法学院学生的常规课程。调解学科的兴起，还催生了一个行业或职业。在一些国家，调解已经商业化，成为了人们可以终身为业的一种职业。我们不得不承认，在调解的现代转型上，实际上在不少方面我们已经落后了。这也引起了我们的忧思，为何我们的文化传统在异域他乡就可以演变为一门学科、一门生意、一种职业呢？实用主义的引导与作用，或许是一个答案。而从技术层面而言，精细化的研究始终是一个不可逾越的基础。如果我们再不警醒，再不转变调解的研究方式，再不提升调解的精细化研究水平，长此以往，调解话语权的流失似乎是必然的，调解是否有可能成为又一个纯粹的西方话语呢？

基于这样的使命感，我们策划出版了“如何当好调解员系列丛书”。我们希望以“如何当好调解员”为切入点，一方面，对我国调解传统文化及其应用展开精细化的研究，探索调解由传统向现代转型的路径，努力掌握调解的话语权；另一方面，也希望抓住调解员这一核心要素，从调解经验总结、调解经典案例评析、调解社会心理学应用、调解策略梳理等多维度构筑我国调解员严密、科学的培训体系，为大力加强调解员队伍建设，全面发挥调解在促进社会矛盾纠纷化解、社会治理创新中的作用提供有力的智力支持。

本套丛书也是湖南省调解理论研究与人才培训中心推出的首项成果。2012年1月9日，在时任中共湖南省委书记周强同志的高度重视、亲切关怀、殷切期望下，湖南省司法厅与湘潭大学共建的湖南省调解理论研究与人才培训中心正式成立，旨在立足湖南、辐射全国、面向世界，在充分挖掘传统调解文化和开发本土调解资源的基础上，合理借鉴域外经验，综合借助法学、社会学、心理学、历史学等研究方法，大力推动法治框架下调解基础理论研究与创新，积极推进社会治理创新背景下调解人才队伍建设，力争为构建适应我国现代化进程和具有普世价值意义的调解话语体系作出一分贡献。

我们期待，这一套丛书的出版，能够为调解的理论研究和规范化建设添砖加瓦，也能够为吸引更多的人投身调解这项事业添薪加火。期待与您一路前行。

谢勇

二〇一二年元月十八日

（谢勇：湖南省人大常委会副主任，湘潭大学法学院名誉院长，教授、博士生导师）

目 录

润物细无声　功夫在事外

——调解能手袁少雄访谈录 …… 1

优化治理方式　实现社会正义

——调解能手李忠访谈录 …… 12

调解并非“和稀泥”　围绕法律讲情理

——调解能手曹元球访谈录 …… 21

让强势方占点便宜　让弱势方出口气

——调解能手曹志平访谈录 …… 30

提供台阶　照顾面子

——调解能手匡美强访谈录 …… 43

以理服人　以情感人

——调解能手曾建员访谈录 …… 52

点子要多　脑子要活

——调解能手李青山访谈录 …… 66

以退为进　化“闹”为“调”

——调解能手廖祥金访谈录 …… 79

坚持“四部曲”　做到“五快三勤”

——调解能手李德泉访谈录 …… 91

法律要讲清　道理要说明

——调解能手戴晓春访谈录……………………………………………… 103

以“调”说“法”　以“调”促“法”

——调解能手刘晏辰访谈录……………………………………………… 114

调解“一件”　教育“一片”

——调解能手冯波访谈录………………………………………………… 124

找准“法子”　震住“场子”

——调解能手刘峰访谈录………………………………………………… 138

后记……………………………………………………………………………… 150

润物细无声　功夫在事外

——调解能手袁少雄访谈录

袁少雄，1979 年 10 月在桂东县参加工作，先后担任桂东县政府办副主任，县长助理，县委办主任，县委副书记等职。2009 年 4 月至今，任郴州市司法局党组书记、局长，桂阳监狱第一政委。袁少雄同志有丰富的人民调解经验，就任郴州市司法局局长一职以来，创造性地组织开展人民调解工作，在实践中取得了实实在在的成效，在全省影响广泛。

访 谈 人：廖永安，湘潭大学法学院教授

被访谈人：袁少雄，郴州市司法局局长

时　　间：2012 年 7 月 23 日

地　　点：郴州市司法局

廖永安（后文简称“廖”）：袁局长，您好！我们这次郴州之行，想通过对基层人民调解能手的访谈，了解能手们的调解经验与调解心得。今天很高兴能和您来探讨这些问题，您现任市司法局局长，抓的是全市人民调解的工作大局，能不能请您跟我们聊聊您对当前我国人民调解工作的一些认识？

袁少雄（后文简称“袁”）：我长期在基层工作，而且在同一个县担任分管政法工作的县委副书记长达七年半的时间，对人民调解工作在维护稳定中的特殊

作用有较深的认识，所以2009年调任市司法局半年后，我便提出了全市司法行政工作以“人民调解为主抓手”的工作方针，并相继在工作实践中实施诸如“县级司法局局长任首席人民调解员”、“县级组建矛盾纠纷攻坚小分队”、“人民调解文化助推调解工作”、“律师参与重大矛盾纠纷调解”一系列重大举措，使我市的人民调解工作很快风声水起。事实证明，决策和举措是正确的、有效的。要化解好矛盾纠纷，如果不依靠人民调解的力量，基层司法行政部门可以说是无源之水、无本之木、无所作为，这是我的认识。过去一般认为，司法行政工作手段软、职能弱、效果虚，党委政府一般都不太重视。现在郴州的司法行政工作发生了根本的变化，变得有地位、有位置、有影响，最主要是因为我们做了事，做了党委政府看得见的实事，工作做到了党委政府最关注的点上去了。就郴州的医患纠纷来说，以前闹得一塌糊涂，成为党委政府最为闹心的一件事。中心城区的那些医院，当时是两天一小闹，三天一大闹，有时一天好几闹。医务人员还经常被打伤，常常导致几十人，甚至上百人的群体性事件发生。我们认为要解决问题就要从源头上抓起，因此组建了医疗纠纷人民调解中心。自从我们组建了医疗纠纷人民调解中心以后，医患纠纷集中在中心城区处置化解，医闹问题便从源头上得到有效遏制。地方党政领导就是这样，他不喜欢跟你讲理论，只搞实在的，理论不能解决问题。我有一个观点，不知道对不对，马克思都说了，思想离开了利益会出丑，党委政府一样也讲“利益”。你解决不了问题，就算你的工作再重要都没用。没有一个书记、市长会直接说你司法行政工作不重要，但事实上可能并不重视你。不重视你的根本原因就是你无法解决问题。财政拿那么多钱养着你这个单位和单位里那么多人，如果你一天到晚坐而论道，一年到头解决不了任何实际问题，就算你说起来再重要也没有用。现在的领导水平都很高，没有一个书记、市长（县长）会说你司法局不重要，依法治国嘛，当然重要得很，但事实上却真没把你当回事，因为你确实没有让他找到应当重视你的理由。因为司法行政职能基本上较虚、较软，属于“润物细无声”类型，看不见、摸不着，甚至也难以感受得到。比如普法宣传教育，都到“六五”普法了，搞了几十年了，但犯罪人群仍然庞大，甚至知法犯法的情况也有增无减。你说你司法行政部门劳苦功高，老百姓信吗？党委政府认可吗？但人民调解工作却不一样，它能在“法度之外、情理之中”解决矛盾纠纷，这是化解矛盾纠纷的利器，它能化解一个个令群众揪心、让党委政府头疼的矛盾纠纷，甚至棘手的信访案件，从而提高司法行政部门的公信力，使群众和领导都对我们的工作耳闻目睹、感同身受。在郴州不仅我们自己，包括许多干部群众都感受到了这种“有为才有位”的变化。

市县两级的政法委书记不仅把人民调解当成了其工作的重要推手，而且自己还亲自担任“首席调解员”，直接调处矛盾纠纷。许多县委书记、县长在会上大讲特讲人民调解工作的重要性，而且身体力行，如永兴的“大调解工作格局”，就是县委书记袁卫祥提出来的。前不久，我们市委书记亲自来我局视察指导工作，看了我们的新楼，听了我的汇报，对我局的工作，特别是人民调解工作给予了充分肯定，对我们提出来要解决的问题照单全收，几乎是“有求必应”，这充分表明了党委政府对我们工作的认可。

廖：袁局您讲得很实在。

袁：我有一个深刻的体会，司法行政工作真的靠做实事，实干决定出路。司法行政工作不像公、检、法这些重要的职能部门的工作，这些部门的权力是很刚性的。因为法律已经明确赋予了他们很大的职能职权，只要不滥用权力，能尽职尽责就足以。而司法行政（工作）是不一样的，法律和制度给予的职能职责太空、太虚，导致它的职能非常软、非常弱。所以，我总有一种感觉，我们是政法部门中名副其实的弱势群体。

另外，百姓有一个很深的体会，司法行政部门是一个缺乏坚强有力的靠山的部门，你必须奉行“不靠神仙皇帝、全靠我们自己”的法宝，费尽心思谋出路，穷尽办法图自强，竭尽全力求发展。我刚当局长那一年，基本上没人提人民调解。这几年，我们努力开拓，关于人民调解工作重要性的一些观念，开始慢慢被接受了。今年省里还搞了个调解工作的专项活动，说明现在大家都看到调解的重要性了。所以，我觉得越是职能虚、职能软、职能弱的部门，就越要自力更生、不等不靠，“弱者当自强”。

廖：司法行政工作充分体现了“有为才有位”！

袁：还有，过去我们司法行政部门基本上不办案子，只有乡级以下才有调解任务，哪里像现在，县级司法局局长亲自去调解案子。现在的矛盾纠纷跟20世纪70年代、80年代已经有了本质的不同，现在典型的矛盾纠纷都是非常尖锐的、跨区域的，甚至群体性的，往往不是一个乡就能解决得了的，很多矛盾纠纷都要上升到县级层次。这就是为什么我提出要由县级司法局局长来担任首席人民调解员的原因。但这个制度其实与《人民调解法》明确规定的人民调解组织只在乡镇以下的基层组织设立不符。我个人认为这样的规定不仅没有与时俱进，而且客观上阻碍了人民调解的作为空间。

廖：中国基层情况确实有一个很大的变迁，我们的人民调解机制也应该与时俱进。

袁：现在人民调解是我们郴州司法行政工作的总抓手。我所有的工作，都以人民调解这个思路为出发点，包括法制宣传教育、法律援助、社区矫正……这些其他的业务工作都往（人民调解）这边靠。所有工作的目的，说白了都是为了促进稳定，维护和谐。拿法制宣传教育工作来说，最有效的方法就是以案说法。只有用我们调解中的真实案子来普法讲法，老百姓才能真正接受。在基层，法制宣传教育如果仅是空乏的法律条文和呼喊法制口号，无异于司法行政自娱自乐，收效甚微。我们以前的方法就是搞宣传窗、宣传台，用喇叭喊《治安管理处罚法》的规定，这些老百姓根本就听不进去。要不就是到了“12·4”法制宣传日打个横幅，把一些相关职能部门，比方说国税、财政、规划等部门的相关法律制度规范印传单，发给路人。实践已经证明，这些方法不太管用，现在真正最有效的法制宣传教育方式就是以调解案例说法，跟老百姓宣讲他们身边真实的案例，从而产生感同身受的宣传效果。

廖：确实，对于普通民众来说，这样的普法宣传生动有趣，更能吸引人。

袁：所以，司法行政工作需要有丰富的基层工作经验的人员，这也是我得出的一个结论。应该说，司法行政工作是越到基层越有地位、越有权威感。整个司法行政系统，在老百姓心中最有地位、最有直接号召力的是谁？我认为是司法所所长，从这个意义上讲司法所所长地位最高。在乡镇，基层党委政府最看重的也是司法所所长。桂阳县清和乡的党委书记在一次座谈时说，司法所所长能撑起清和的半边天。现在基层最主要的任务是维护稳定，促进和谐。

廖：是的，稳定是发展的前提。

袁：另外，我们在调解实践中还深深体会到了调解文化的重要性。中华民族传统文化价值是什么？一个字——和！不管儒家、道家，还是诸子百家，其核心的文化价值最后都归结为“和”。“和”是中华文化中最根本的价值认同。很多箴言警句都是劝人向善向和。一个接待室、一个候调室、一个调解室，三室中都有不同的调解文化内容，图文并茂，逐层推进。我们在全市推广宜章玉溪镇司法所的文化建设的做法。这些调解文化直击人的心灵，可以起到“降火降温、清火止痛”的作用。在这种劝和文化的感染下，许多当事人在候调室，甚至在接待室坐等调解的过程中就心平气静、握手言和了。古人云“人争一口气，佛争一柱香”，许多小矛盾、小纠纷，说到底就是一口气，气消了，矛盾纠纷也就烟消云散了。我对人民调解文化的建设很有兴趣，却苦于自己才疏学浅，无力总结和提炼，你们这些饱学之士倒是可以一试。

廖：您太谦虚了。

袁：我们司法行政工作现在还没有一种属于自己的文化，而公、检、法三家都有自成一体的文化体系。我认为司法行政可以在调解文化的基础上建立司法行政工作的整个文化体系，从理论上进行总结提升，这是一件非常有意义的事，会产生意想不到的效果。

廖：我很赞成您的思路。

袁：廖教授，我知道您对美国的调解模式很有研究，但我认为，中国和美国在调解方面完全是两回事，有很大的差别。我们国家发生矛盾纠纷时就是堵政府大门，就是喊打喊杀，纠缠不清；要不就是越级上访，完全无道理可讲。采用美国那种商业调解模式在中国进行调解，根本就行不通，因为两者完全不是一个概念。所以人民调解员也只有中国才有，而且这本身是一个有一定危险性的职业。像永州去年一个月内就发生两起人民调解员被打死打残的事件。现在基层维护稳定不容易，而维护稳定的主要手段就要依靠人民调解，基层90%以上的矛盾纠纷是依靠调解解决的。如果没有这个“第一道防线”的话，这90%的矛盾纠纷即使只有10%—15%转化成治安案件、刑事案件或上访案件，社会混乱局面也将不可想象。

廖：是的，美国的调解模式要完全照搬过来，肯定是行不通的，我们有我们的国情，美国经验只能提供参考与借鉴。

袁：对，中国调解，最重要的是要在基层积累、总结经验。

廖：我也一直认为，我们并不是缺少调解员，而是缺少一批有素质、有经验的调解员。如果能集中地培训出一批有实干精神、实战经验的调解员，对法治湖南建设的贡献会非常大。

袁：听说您正在开发一套关于人民调解技巧与方法的系统培训教材，并且想着手把人民调解办成一个专业，那真是一个很大的贡献。现在整个司法行政虽然方向没有错，但是司法行政这个队伍的人员素质还是不尽人意，严格说起来是很低的。现在随着社会形势的发展变化，随着司法行政队伍的不断壮大，对人员素质的要求越来越高，人民调解走专业化发展道路的需求也是越来越迫切。对此本人体会很深。

廖：是的，我们确实要推动人民调解的专业化发展，因为这个是当前亟需解决的问题。从效益上来考虑，我认为如果湖南每人每年能从税收中贡献一毛钱到人民调解的培训上来，就是六七百万。只要有六七百万，湖南调解的专业化发展应该就可以做得很好。调解专业了，它创造的社会价值何止六七百万。

袁：但我的疑问是，如果给了六七百万，如何保证它都用在人民调解员的培训上，又如何保证这些培训能收到预期的效果。

廖：怎样培训（人民调解员），怎样才能培训好？这是我们正在着手思考的问题。我想这一两年内，利用尽可能多的时间，把这个工作先试着做起来。先做起来，再摸索、总结经验。我们这次到郴州来调研，就是来取经的。对于哪些调解技巧管用，哪种调解方法行得通，哪些调解员才是最优秀的，您是知道的，但是我们不知道，所以我们要向您这样的调解能手拜师，也请您给我们提供一个您这里的调解能手名单。

袁：不敢当，廖教授您太谦虚了。提供一个名单没问题，不过有这样一个问题，我们这里的调解能手可能有丰富的实战经验，但他不一定都表达得出来，这是一个很大的问题。他们有些不会讲普通话，只会讲方言，在老百姓中他可以如鱼得水，但要跟你们交流，他可能不太懂你们的想法与要求，不能总结概括好他们的那套做法。而且一听说您是教授、是博士，他估计没法不紧张，甚至会语无伦次，无法将自己的意思表达清楚。我建议可以先跟几个县司法局局长谈一下。作为县司法局局长，他们站的角度跟底下的司法所还是很不一样的，调解的案子一般都是大案子、疑难的案子，都是县委书记、县长交办的案件，是很难缠的案件，所以他们都是很有办法的。而且，他们许多是从基层干起来的，对基层的调解都很有经验。

廖：您讲的有些观点我的感触还是很深的，实际上中国的矛盾纠纷的类型发生了大的变化，很多问题不是简单地靠村委会和居委会的那些人就能解决的。那么我想问一下，您感觉，这十多年，基层的案件最大的变化是什么？

袁：复杂化、剧烈化、群体化，另外还包括跨区域化发展，难度是越来越大，所以很多东西要综合治理。不仅是调解，有些还要辅助打击手段，所谓“以打促调”。还有法制宣传教育、道德教育都应该要跟上，多管齐下，综合施调。古人说的最有效的治理是“王者之道，教化万方”。我个人认为，古人的一些观念现在很值得借鉴。古人看一个地方管理得好不好，主要不是看建了几座高楼大厦，也不是看老百姓增加了多少收入，他看的是这个地方的道德水平、民风如何，他重在教化人心。人的幸福指数最重要的是什么？是感觉！良好的民风民俗，和睦的社会环境应该是最主要的发展指标。现在是发展观上出了问题，这个问题就不是某一个部门所能解决的了，这是国家层面的问题。执政急功近利不行，所以现在提出了“科学发展观”，但是科学发展观真正要落到实处不是那么容易。各级党委政府想的最多的是 GDP，是政绩工程，因为这是个容易看得见摸得着的东西，这个好考评。评价一个地方，最容易看得到的是这个城市的基础建设搞得如何，所以各级党政负责人没法不心仪这方面的东西。当了书记、县长，没有建几栋高楼，没有修几条大路，给人感觉就是没干什么事。如果把一个地方治理安定了，老百姓的幸福指数提高了，虽然这个才是最重要的东西，但老百姓安不安定、幸不幸福，这个评价标准有点模糊，是不容易被看得见摸得着的。所以，说到底要回到科学发展观这个层面来看问题。我认为，现在的矛盾纠纷严重激化，政府的考评体系有问题是一个重要原因。我经常宣传一个观点：人民调解工作很重要，它很管用，它能治本，可以实现“案结事了人和”，可以节省大量的行政成本。我们这边的一个县委书记对此深有感触，他跟我说，有时候一个简单的治安或轻伤的案件，公安机关立马抓人，结果就可能变成一个久拖不决的上访案件。他那里有一个案子，到目前为止的花费估计都不止一百万，但仍没有解决。为了这个案子，县里派人去北京接访多次。而他到任不久也发生了一个类似的案件，比前面那起复杂、严重一些，但用调解手段一个晚上花费不到一万元就彻底解决了。因而他很认同我的观点，他跟我说，你讲得太有道理了。他甚至带来他们的政法委书记、县长一同来与我交流。我觉得，不管哪里，出现了稳定上的问题，只要是人民内部矛盾，都应用人民调解的手段来化解。现在郴州很多县委书记都慢慢接受这个观点。2009 年年底，我在全市的一次司法局局长会议上说，什么时候你们那个地方发生了重大矛盾纠纷隐患，县委书记、县长第一时间想到的不是公安局局长，而是司法局局长，那你们的工作就到位了，那你这个司法局局长也就是真正堪称优秀了。现在郴州有些县市区已经发生了这种变化，这个速度比我想象得快。我们这里已经越来越看到了人民调解的巨大功效，当然人民调解不能做狭义的理解，不能理解为是司法行政一家在做，这是都在做的工作。重大的矛盾纠纷单靠司法行政一家是做不来的，我只能说人民调解这个手段是司法行政的主要职能而已。

廖：您讲的这个就是“三调联动”的思路。三调联动，以前郴州搞过，2006 年、2007 年开始提出这个概念，湖南也是作为典型经验在搞，但我感觉现在整个湖南“三调联动”的态势越来越萎缩。

袁：对，越来越萎缩。最近我们草拟了一个关于加强新时期“三调联动”工作的意见，想着力在“三调联动”的“联”字上加大力度，其中最重要的是要严格规范程序。现在随着形势的变化，我一直在思考新形势下“三调联动”应该怎么做。从理论和实践上来看，“三调联动”是个好东西，关键是怎么去操作和把握，所以我这次提出的意见核心（内容）有两个：一是要提高规格。各级“三调联动”的组长要由同级的行政一把手担任，比如说市长当组长，政法委书记当副组长，兼任办公室主任，司法局局长任“三调联动”办公室常务副主任。二是要严格按程序进行规范化联动。一个案子一旦启动“三调联动”，就必须严格按照规定的程序走下去。一旦进入程序，司法局局长就有调动资源的能力，可以以“三调联动”领导小组组长的名义，要求公、检、法的相关人员来参与。进入这个程序后，司法行政部门负责总调度，各个部门都必须参与。而且首席调解员可以要求任何一个相关人员随时参与到程序中来，应该赋予首席调解员调度人员的权力，否则没办法实现联动调解。确实太重大的案件，政法委书记要亲自出面，市长要出来协调解决问题。关键是要赋予三调联动首席调解员权力，一进入“三调联动”后，司法局局长就不仅仅是司法局局长，他的角色是首席人民调解员，他就有调动能力。当然，这个关键还是个程序问题，只有进入程序后，大家才能按规矩办事，这样才能真正发挥“三调联动”的作用。

廖：是的，“三调联动”要想有长远的生命力，首先要明确的就是程序问题。

袁：还有一个现实的问题，还是回到前面那个问题，就是人民调解员的素质问题，特别是首席人民调解员的素质，他本身的能力、素质能否达到解决问题的水准。所以我认为，你们要搞培训先要来培训我们的司法局局长，还有分管调解工作的副局长。但是如果你们的培训仅仅局限于理论方面也是不行的。人民调解和其他工作不同，仅仅有理论还不行，关键是要实践。我搞过很多调解的谈判，对人民调解的技巧有一些总结，我觉得人民调解工作，功夫在事外，有些技巧是只能意会，不能言传的。要把这种技巧性的东西表述得清楚准确，也不是那么容易的。美国调解搞的那种“背对背”、“单独做工作”等技巧，我们早就使用了，这是我们人民调解传统的做思想政治工作、化解矛盾、调解矛盾的方法。“背对背”、“面对面”、“分散”、“集中”，这些技巧我们在调解中会反复多次地使用到，我们还有“个别走访”、“分化瓦解”等很多方法。不仅仅如此，我认为人民调解更是一个斗智斗勇的事情。有的时候事态发展到一定程度后，当事人对相关法律的了解程度并不亚于我们的人民调解员，那时候人民调解员就会觉得招架不住，没有还手之力，经常被驳斥得哑口无言。这种局面，一般的人民调解员哪里做得下去呢？现在很多的基层人民调解员就是起个信息员的作用，一个报案人、引路人的作用，对稍微复杂一点的案件根本就无法开展调解。老一辈的人民调解靠威望，那时候的人思想单纯，迷信权威，一个地方的长老、族长或者德高望重者，老百姓就信服。而现在的老百姓很多都有逆反心理，甚至藐视权威，越是地位高者他越不信服，他越是怀疑。现在要真正做好调解，就必须会权衡利弊，调解要入情入理，要使当事人心服口服，要做通当事人的思想工作，要进行深入分析，把矛盾理清。情、理、法的交融是有很多技巧的。我当县委副书记的时候，分管政法工作。当时真正的首席人民调解员可以说是我，重大的纠纷到最后都由我出面解决，由我组织策划，再分配给下面的人做，有些调解不下去的最后也由我再出面处理。比方说发生的成百上千人的群体性事件，都由我来收尾。其实县市委的政法委书记本身也是要下来调解案子的。传统观念认为由政法委书记出面调解就不是人民调解了，我看其实一样是人民调解。人民调解，不一定每一个案子都要有司法行政部门参与，但只要用的手段是人民调解，我认为就是人民调解的范畴。按照《人民调解法》的规定，人民调解只是在乡以下甚至村以下来搞，根本就行不通。大一点的案子，乡里、村里的调解员根本就没有那个能力，不仅调动不了资源，也不可能有那个水准。

廖：人民调解到底应该如何界定，确实需要重新思考。正如您所说，现在的纠纷很多都是跨区域的群体性纠纷，往往呈现复杂化、尖锐化的发展趋势，不大可能仅仅通过居员会、村委会，也就是我们过去理解的人民调解就能调解得好。

袁：以前我们都说大矛盾不出乡，小矛盾不出村，但这种情况已发生了很大的变化。现在我们调解的很多纠纷都是乡与乡之间，甚至县与县之间的矛盾。要是严格依照《人民调解法》的规定，想要维护整个地区的稳定，传统意义上的人民调解就会没有作为的空间。我们国家现阶段的一些重大矛盾纠纷往往“出手不凡”，动不动堵政府大门，动辄几十上百人，来势凶猛，且纠缠不清；要不就是越级上访，缠访闹访，完全无道理可讲。

廖：所以您搞的完全不一样，人民调解由司法行政系统来牵头开展工作，首席调解员都是由一个市、一个县的司法局局长来担任的。

袁：现在我认为首席调解员由司法局局长担任都不行了。我现在开始思考一个新的问题，如果真正要“三调联动”做起来的话，首席调解员应该由行政首长来担任，不过他只是在幕后工作，他协调各个部门支持、配合调解工作，实际操作的可以是政法委书记、司法局局长、司法所所长。总之，就是要大家都参与。假如机制发生变化，人民调解的范围就扩大了，人民调解的作用可以得到更有效的发挥。

廖：过去我们对于人民调解是什么，行政调解是什么，概念区分是很清晰的。您所构想的这种三调联动机制将会模糊人民调解、行政调解的区隔。

袁：过去对人民调解、行政调解的明显区分也只是学理上的，在具体工作中他们一样是很难区分开来的。我的理解就是以人民调解为手段、为基础，由行政部门、司法部门共同参与的，解决社会矛盾的一种机制。人民调解解决人民内部矛盾，人民内部矛盾一般不需要打击，不需要抓人的，而是用调解的手段、和平的办法加以解决。所以必须强调人民调解的龙头主体作用，否则“三调联动”就名不副实，方向也不对了。总之，人民调解首先要定好性，如果仅限于《人民调解法》上规定的那些调解，意义就不大，（地方）党委政府不可能会感兴趣，所以人民调解要发展，就要把问题解决到党委政府最关心的点上去。像最近发生了一起仲裁纠纷，当时是闹得不可开交，书记直接点名要司法行政系统来解决，我们很快就调解好了。还有一个老太婆带着一家人，整天哭哭啼啼地找市长，已经持续一年了。他们跟政府死搅蛮缠，水豆腐掉进灰堆里，吹也吹不得，拍也拍不得，但通过几轮调解也解决了。

廖：您觉得人民调解员是以政府代表的身份还是以人民群众的身份在进行调解呢？

袁：受几千年中国文化的影响，中国人还是更乐意听从官员的话的。中国老百姓对官员的心理依赖实际上还是很高的。如果行政官员作为调解员，他就觉得你说的话是有可信度的，是可以算数的。如果非行政官员当调解员，效果肯定是要大打折扣的。而且跨乡跨区的调解，需要资源调度整合能力，这也是一般人做不了的。

廖：最后，关于新近出台的关于人民调解协议司法确认制度，您能跟我们谈谈您的看法吗？

袁：根据《人民调解法》的规定，一些矛盾纠纷可以向法院申请司法确认，但我对这个司法确认制度是不太敢苟同的。人民调解协议书经司法确认后，那不就等同于法院的判决。人民调解跟公、检、法三家办案是有本质差别的。第一，人民调解手段平和，是用商量的办法。第二，人民调解不收费。第三，也是最核心的，人民调解不仅能够做到“案结事了”，许多还可以实现“人和”。按照中国人的传统观念，对簿公堂就不可能是“人和”。再说，我们这里的实践证明，只要签订了人民调解协议，98%甚至99%以上都可以得到执行，而且极少反复，我担心司法确认变成一种常态，是否会使当事人误认为没有通过司法确认的人民调解协议书就是一纸空文呢？如此一来，调解又被判决给取代了，人民调解的公信力不升反降。

廖：哈哈，您的看法很有意思。

袁：说实在的，真要给人民调解协议做司法确认也不是那么容易的事情。我们有些协议写得都不规范。司法确认让事情更加复杂，给当事人留下更多反悔的空间，它就像是对当事人的一种提醒，会直接影响到人民调解的执行力。

廖：有人正是怕人民调解协议没有强制执行力，履行没有保障，才主张由司法确认程序来保证它的效力。

袁：我搞了这么多的人民调解，发现人民调解协议基本上都会得到执行，比判决要执行得好得多。搞了司法确认后，人民调解协议变成了判决一般，说不定很多反而执行不下去。现在法院的很多判决就执行不了，还得靠（人民）调解来解决，我就做了大量这样的善后工作。比如之前有一个案子，判决十多年了，执行不下来，最后由我们调解执行的。如果调解之后进行一个司法确认，司法确认后又执行不了，执行不了再由我们去调解执行，那就成了一个恶性循环。所以有的时候理论工作者和实务工作者的想法差别很大。可能是因为我们考虑问题的角度跟理论工作者不一样，我们考虑最多的就是要管用，怎么样才能真正解决问题，我主张还是要努力做到“知行合一”。

廖：理论就是为了要“管用”，如果不“管用”，那这个理论肯定是要修正的。

袁：假如这种司法确认泛滥成灾的话，人民调解的效力可能就会大幅降低，很多协议就会签不下来，因为很多当事人会犹豫不决，认为这跟打官司是殊途同归了。中国传统文化认为“居家戒争讼，讼则终凶”，我们国家很多人做人做事还是很忌讳打官司。只要闹上公堂，不管是赢是输，那都是输，“伤人一万，自损八千”，中国传统文化不主张打官司，这种传统影响现在还是很深厚的。其实这也是人民调解之所以扎根中华大地的一个重要原因。

廖：申请司法确认，一旦走上法庭，就是对人民调解成果的一种否定，是对人民调解的一种怀疑和不信任，袁局长您的这个思路很独特，很有启发性。

袁：过奖，这仅是我的一家之言。

廖：袁局长您谈了这么多，让我受益匪浅，非常感谢！

优化治理方式　实现社会正义

——调解能手李忠访谈录

李忠，1991毕业于中南政法学院。1991年7月—2004年6月，在郴州市人民检察院工作。2004年6月—2013年10月，任郴州市司法局党组成员、副局长。2013年10月至今，任郴州市委政法委副书记。李忠同志长期从事人民调解工作，主持调解过许多当地有重大影响的矛盾纠纷。

访 谈 人：廖永安，湘潭大学法学院教授
被访谈人：李忠，郴州市委政法委副书记，原郴州市司法局副局长
时　　间：2012年7月27日
地　　点：郴州市司法局

廖永安（后文简称“廖”）：李局长，您好！在我们的调解一线，有很多优秀的调解能手，调解纠纷非常厉害，调解经验十分丰富。您分管人民调解工作很长一段时间，所以今天特意来听听您对调解工作的看法与意见。再者，对于我国人民调解工作当前面临的困难和瓶颈有哪一些，我们也想请您来谈一谈。

李忠（后文简称“李”）：好的。2004年，我到市司法局工作，来了以后分管基层工作，也就一直跟人民调解工作打交道。这些年来，我对人民调解工作有

一些感受，但这些感受更多的是一种感性认识，可能并不准确。关于我国人民调解当前的状况，我分两个方面跟您汇报一下。

廖：谢谢。

李：我先谈谈三调联动工作。郴州的三调联动机制有自身的特点。郴州市的民风比较彪悍，临武、嘉禾、桂阳、永兴、北湖等县区矛盾纠纷比较多。2005年下半年，市里专门开展了一次针对北湖区和桂阳县边界纠纷的集中整治行动。这些边界纠纷早在2005年之前就存在了，现如今矛盾已经非常突出。当时市里将边界矛盾纠纷的调处化解工作交给了市司法局。因为我分管基层工作，局里就让我牵头来化解这些矛盾纠纷。在化解桂阳、北湖边界纠纷的过程中，我们一直在思考，怎么去化解矛盾，化解矛盾之后能不能形成一种制度或是机制，便于以后去解决类似的纠纷。同时，我们发现不管是司法局，还是下面的司法所，并不能完全解决好这些纠纷，需要水利部门、林业部门、乡镇党委政府等部门的参与，纠纷才有可能得以解决。纠纷调处中，我们尽管用的是人民调解的手段与方法，但我们调解的矛盾纠纷实际上超出了人民调解的工作范围。《人民调解法》明确规定，人民调解主要是解决民间的矛盾纠纷，但在实际工作中，人民调解解决的并不限于普通的民间纠纷。

还有些纠纷，法院已经受理了，甚至判决都下来了，但仍不能解决问题，最后还得靠人民调解来解决。我们曾碰到一起山林权属纠纷，打了6场官司，一审、二审、再审一个轮回后，又一审、二审、再审，一共6次诉讼。法院虽然作出了判决，明确了山林纠纷的权利归属问题，但判决却无法得到执行，当事人的矛盾仍摆在那里。像这样的矛盾纠纷最后只能依靠调解的手段去解决。通过调解，给当事人提供一个双方都认可的方案，双方才能继续和谐地共同生产、生活。

再一个就是“三跨”矛盾确实需要联动调解机制。“三跨”矛盾指的是跨区域、跨行业、跨部门的纠纷。在“三跨”矛盾纠纷中，有的长期得不到化解，是因为没有一个专门负责协调沟通的部门与机制来解决这些矛盾。如果两个地区自己不能协调好，特别是当两个地区都存在一定的地方保护主义时，那么它就需要一个更高层级的部门或机构来召集两个地区的相关负责人进行沟通，进而解决纠纷。

再者，就是不同的调解手段之间需要相互衔接配合好。这里主要讲讲行政调解、人民调解、法院调解这三种调解手段。这三种调解手段需要相互支持，特别是在调解资源上的相互支持。近年来，法院的指导思想发生转变，更加重视用调解的方式处理民商事案件。为什么转变？有几个原因：一、诉讼案件增多，法院人手不够，法院面临巨大的压力。二、诉讼费用制度改革后，外部诱惑减少了。三、中央对涉诉信访案件高度重视。更多的案子通过调解手段去解决，涉诉信访案件发生的概率就要降低很多。据了解，自诉案子这一块，案子判决以后效果都不是很好，很大部分转变成了涉诉信访案件，法院面临着巨大的压力，他们也需要人民调解的支持。实际上，在山林权属纠纷、邻里纠纷中如果不将双方当事人的心结打开，法院的判决效果就大打折扣。相比之下，人民调解效果则好得多。所以法院也希望将更多的案子从诉讼转到用人民调解手段去解决。那么怎么样将当事人引导到这条道路上来，衔接沟通机制建设显得日益重要。

还有一个问题，就是要将人民调解的优势充分挖掘出来。调解制度源于中国，西方国家的调解制度是学我们国家的。浙江枫桥经验就是很好的经验。而这些年来，人民调解却被边缘化了。我们经常和基层群众以及当事人接触，有个直观感受：中国社会是个人情社会，自古以来靠的是宗族、家族治理。到目前为止，农村治理仍有很多地方还依靠这种宗族观念、地域观念、人情关系来维持。这里面包含了我国几千年来形成的传统，它在现实生活中起着很大的作用。人民调解是基于这种中国现实状况产生的一种调解制度，必然在化解矛盾纠纷中有它独特的优势。人民调解在实际中没有发挥它应有的优势，有以下几个方面的原因：一、目前，我们国家官本位思想还比较浓。某项工作的发展与领导的重视程度密切相关，人民调解要想发展壮大，需要党委政府更加重视人民调解工作。二、从上世纪 90 年代以来，我国就已经将“建设法治国家”写入宪法、写入党章，但在如何建设法治社会这一块却走了一些弯路。有段时间，不论是理论界，还是实务界，都认为建设法治国家只有西方那一种模式。其中关于如何解决矛盾纠纷，都认为（有了）矛盾必须进入诉讼程序，通过法院判决得以解决才是建设法治国家的唯一路径，随后人民调解就被边缘化了。这 10 多年来，通过实践才发现这条路走不通，而且无论从理论上看，还是从实践上看都不合适。特别从理论上看，建设法治国家，简单地讲就是按规矩办事，实现公平正义，包括实体公正和程序公正。诉讼有一整套程序的规定，肯定是讲规矩的，但诉讼并不能完全做到实体公正。比如说，诉讼要讲证据，证据灭失了就会影响实体公正等。而人民调解恰恰可以弥补诉讼的缺陷。所以，我跟人民调解员交流的时候，总会阐明一个观点，即人民调解有时比诉讼更能实现社会的公正。

廖：您讲得特别有道理。

李：再有就是，人民调解也在走向规范化。随着《人民调解法》的颁布，我们现在对人民调解的认识已经越来越充分。我们常说人民调解要实现情理法的结合，这种结合要贯穿到做当事人工作的各个环节中。通过反复的沟通交流，让当事人认识到调解方案实际上是一种情理法的融合。所以，我们特别强调，人民调解员在调解矛盾纠纷的过程中，还得以法为基础，违背法律的事情肯定是不能做的。只有法律没有明确规定的时候，才可以根据风俗民情来处理，所以不能说由人民调解的手段来处理纠纷就不是依法治国了。实际上，打官司判决只有两种结果，当事人不是输就是赢，而人民调解不存在输赢问题，调解的结果都是当事人自己同意的，双方都不存在所谓的丢面子。

当然，人民调解的优势之所以没有得到充分发挥，也有我们自身的原因，比如说，人民调解员的调解能力，文化、法律素质不高……这些因素直接影响矛盾纠纷化解的成功率。调解员各方面的水平较高，才能说服当事人，才能促成双方达成协议。这些原因使人民调解这个发源于中国，在国外正在发展壮大的制度，在我国反而萎缩了，反而被边缘化了，反而在化解矛盾纠纷中没起到它应有的作用。

这些年的工作实践引发了我们的一些思考。第一，如何提高人民调解员的素质；第二，如何使人民调解工作变得更规范化；第三，如何提高人民调解工作的公信力。目的是通过这三个方面的改进，将人民调解工作做大做强。为了尽可能快地改进工作，我们想了很多办法。举个例子，我们把人民调解的工作方法与技巧总结成一个个标准化的规范模版，编制填空题式的调解流程资料分发给调解人员，然后组织他们学习，像做填空题一样教他们怎样控制调解流程，怎样提高调解技巧，怎样增强调解能力。通过一系列的举措，我们想实现以下几个方面的目标：第一，增强人民调解员的程序意识。人民调解首先应当做到程序到位，程序不到位就可能导致人民调解协议没有效力。第二，逐渐将人民调解发展成一种职业。人民调解员在调解纠纷时，也应当像法官、检察官那样按程序、讲规矩办案子。这样一来，人民调解组织就不会被看成是民间游走组织了。我们就想通过这些办法把人民调解的公信力提高。人民调解组织虽然公权力小，但要调处矛盾纠纷，没有声誉、没有公信力肯定不行。第三，建立矛盾纠纷“联调”机制，主导“三跨”（跨区域、跨部门、跨行业）纠纷的调解工作。第四，推动不同的调解手段间的相互配合。主要是推动人民调解与司法调解中的法院调解、行政调解中公安机关的调解进行协调的问题。联调工作先在湖南省郴州市北湖区实行试点，针对跨乡镇的矛盾纠纷先尝试联动调处模式，随着实践的深入，三调联动的雏形就慢慢浮现出来了。取得的成效主要体现在：一是“三跨”纠纷这一块得到处理。北湖区领导对这一块的工作相当支持，设立了“三调联动”领导小组及办公室，办公室设在区司法局，承担矛盾纠纷的汇集、分流、交办、督办、奖惩职责，这一机制推动北湖区跨乡镇矛盾纠纷的解决，效果是相当不错的。二是与法院的衔接机制初步建立起来。当时北湖区有一个案件，已经进入了诉讼程序，后来当事人同意调解，调解了一阵子后，当事人就主动撤诉了，撤诉之后便是走的人民调解程序，签订了人民调解协议，案件解决得非常漂亮。三是与行政调解进行了衔接。这一块主要是与派出所处理的因民间纠纷引发的治安案件中的民事部分调解进行衔接。这类案子，一般来讲，只要民事部分的调解达成了协议，就能减轻甚至免除治安处罚。

廖：听您一介绍，我感觉郴州的三调联动机制，你们在设计时考虑得很细致、很具体、很有针对性。

李：不过，按照中国目前的国情与政治架构，（对于）三调联动，领导重视就好办，不重视就大打折扣。我有一种感受，如果三调联动仅仅停留在工作制度层面上，它会随着领导的重视程度和个人认识呈现起伏状态，该项工作的坚持和发展必然会受到制约。

下一步应该向什么方向发展？我觉得，首先，我们对调解工作要有新的理性认识，要有一个整体的定位。应该把调解作为建设法治国家的一个路径来看待。法治建设应该与国情相匹配，如果强行推行一种模式，或强行走一条路，有时是行不通的，并非西方的道路就是唯一正确的路径。以调解为主化解矛盾纠纷，以及实现各种不同调解手段之间的相互衔接配合，应该成为中国法治国家建设的一条主要路径。其次，应该站在社会治理的高度来认识，把调解作为社会治理的一种手段，而不能像过去一样，某个领导重视就热火朝天，某个领导认识改变就又偃旗息鼓了。最后，党委、政府要主导，由其他部门牵头做不好。

再者，通过调研也发现了一些问题。主要是一些地方对三调联动工作没有一个统一认识与系统性的思考，没有将三调联动机制建设视为一项系统工程去考虑，对三调联动到底要达到什么样的目的和效果，其实并不清楚，人民调解与司法调解、行政调解没有真正有效地衔接起来。这样一来，要想通过这个机制处理重大的矛盾纠纷，包括三跨纠纷，效果就不明显，这个机制的权威性也没有办法建立起来。

针对存在的问题，我们也一直在思考，逐步形成了总体想法。在具体架构上，首先要明确总体目标与子目标。如果没有搞清楚目标是什么，就没有办法建立整个机制。这个总体目标，或者说价值取向是针对我国目前矛盾纠纷的现状，搞清楚我们到底应该选择什么样的手段，去处理矛盾纠纷才能达到最好的效果。我认为，在目前条件下，最大限度地用调解手段来化解矛盾纠纷，这是最佳的选择。现在到法院打官司，在民事纠纷这一块，涉诉上访的情况比较多。为什么现在这种情况不断增多？可能跟这几年我们对信访工作高度重视有一定关系，但这种现象也表明，在现有的国情条件下，最大限度地运用调解来化解矛盾纠纷，应该是最好的选择，这是一个总体定位。在这种总体定位下，再设立几个小目标：1. 确保具有法定调解职能的部门和单位，必须切实履行好职责。从现行的法律规定看，具有行政调解职能的部门实际上是很多的，但现实情况是他们并没有很好地开展调解工作。2. 人民调解这一块应该发挥作用，做大做强。这个问题前面我已经谈得很多了。3. 司法调解，当然司法调解是法院的事情，我们在设计时也不好过多地介入，我们更多的是关注衔接问题。既然要最大限度地用调解手段来解决矛盾纠纷，那么就要完善导入机制，引导当事人走调解路径，进入这个轨道。4. 人民调解、司法调解、行政调解这三大调解手段要顺畅地衔接起来。5. 要建立一个约束机制，也就是针对前面几个子目标的实现来建立约束机制。第一，凡是有调解职能的部门，都应该尽最大的力量来做好调解工作，没有认真履行职能的，就要追责。第二，就是要建立一个有约束性的引导机制。比如说，人民调解、行政调解、司法调解的衔接问题，当事人在立案庭立案的时候，立案庭的同志如果认为该案件属于人民调解的范畴，当事人又愿意调解的，就应该对当事人进行引导。现在是引导工作没到位，这意味着现在这个引导机制缺乏约束性。第三，是不同调解手段间的衔接同样要有约束机制。第四，经费投入的思路问题，它体现了社会治理的一种思维方式。不同的选择，治理效果会完全不一样。我觉得，如果把经费大量地投入信访案件，是得不偿失的。本来一个案子，在人民调解这个环节只需花 5000 元就可以了结，但因为没有搞好调解，最后它演变成为一个常年的信访案件，可能要花 100 万才能结案。如果选择这样一种治理方式，我认为它是一种路径选择错误，没有效果可言。总之，保障这一块非常重要，必须要建立起来。这就是我对三调联动机制如何发端、怎么发展、怎么完善的整个思考，当然这个思考不一定正确。

廖：您的看法很深刻，很有道理。

李：接下来，我跟廖教授谈谈我们郴州人民调解这一块的工作。《人民调解法》颁布实施以后，我们市司法局花了很多功夫和时间在人民调解工作上面，应该说还是取得了一些成效的。我们解决了人民调解发展过程中的一些瓶颈问题，包括经费保障的问题，人民调解的地位问题等。第一就经费保障问题来看，我们郴州现在在经费保障方面已经做得比较好了。当然，如果把人民调解作为化解纠纷的主渠道这样一种思路来看待的话，现有的经费保障要实现预期目标肯定还是有一定差距的。第二是地位问题，人民调解工作要引起足够的重视，就要让领导们真正认识到，只有运用调解来化解社会矛盾，只有这种治理模式才可以达到最佳的社会效果。这几年通过我们的努力，很多县里的领导，包括县长、县委书记都有了这种认识：当社会正处于转型转轨时，是一个矛盾凸显和集中爆发的时期，用调解手段去处理矛盾是最好的选择。而且，就目前我国调解制度的整个架构来看，相比于其他调解，人民调解多年发展形成的优势决定了它能够很有效地化解矛盾纠纷。我们所说的"地位"，就是要让选择人民调解这种治理方式或社会管理模式先成为一种社会共识。有了这种认识，我们再根据自己对调解工作的专业认识，提出一些意见和建议，就容易得到党委、政府的接纳，推动起来就更顺当一些。

目前，人民调解工作也还存在一些问题：首先就是人民调解员的素质问题。对于这个问题我们也感觉很头疼，很难解决。在解决人员素质问题上，我们也想了不少的办法。但我认为，这个问题要完全解决好，最终可能需要人民调解走职业化道路。不走这条道路，解决不了目前人员素质存在的根本问题。这点我有深刻的体会：第一，人民调解到目前为止不是一种职业。村级人民调解员大都是由村干部担任，并不是一种职业。不是专门职业，精力投入、学习投入肯定是跟不上的，调解能力也就不可能得到提高，素质也总是停留在一种低层次上面。第二，一个方面，正因为没有走职业化道路，乡镇司法所这一块的人员，既是我们的骄傲，也是让我们头疼的地方。比方说，我们司法所的所长，他大部分时间（工作）在人民调解的第一线。经过几年打磨之后，他的调解能力确实增强了许多，考虑问题、处理问题更加周全了，综合能力也提高了。但他们有了能力肯定是要被提拔的，被提拔了就走了。走了一批又要进一批人，进来之后又要从头开始。由于队伍的流动性，从现在来看，从法律职业主体这个角度来讲，我们这一块是最不专业的。比较公、检、法部门，公、检、法的人员基本上不向外系统流动，办案人员基本上总是那些。目前法院流动多了，主要是有些法官出去做律师了，但也还是从事法律职业这一块。但我们这一块，你说流动性强，有人不同意，他们说不强，但他们说的那个不强，是指的农村那一块的流动性不强，他（这里是指村里的人民调解员——编者注）总是在当农民。但从乡镇、街道来看，司法所这一块流动性还是算强的。而且，人民调解（人员）往往一流动，做的工作往往跟调解就没有关系了。另一个方面，我们的培训，无论数量或质量都还是有差距的，达不到预期的效果。总之，人员的素质，目前是一个问题。其次，是目前人民调解的地位，与它发挥的功效确实不匹配，这个也影响了广大人民调解员的工作积极性，具体包括经费投入，人员配备等方面的问题。再次，作为主管部门，我们对人民调解工作的建设和发展的思路不太清晰。人民调解工作到底怎么样发展，朝哪个方向发展，这个还是不清晰的。总体上还停留在二十世纪五六十年代的枫桥经验那个阶段，包括《人民调解法》对很多问题的规定仍然很模糊。希望专家、学者通过调研对人民调解的发展方向提出建设性意见。

廖：对于目前我国的调解机制到底该如何发展，确实存在大量的困惑，很多地方都在摸索经验。您刚刚讲到，司法所所长是最前线的调解人员，流动性较大，关于这一点，刚好引起了我的思考。目前，司法所所长大多更换比较快，刚刚成长起来，很快又走掉了，没有一个稳定的专业队伍。而调解队伍的稳定很重要，是调解专业化发展的基础，所以将来这个体制肯定要创新。从司法所编制来看，据我了解，一个司法所大概是 1.8 个编吧，但很多所都没有配上编。

李：郴州还没有达到这个水平。

廖：司法所就司法所所长一个人？目前，我国司法行政九项职能，到了基层工作都要落到他这个地方，他该怎么管理？法制宣传、社区矫正等繁琐的事情都集中在司法所，他如何能完全安心做调解工作？实际上，我们可以考虑将来能否设立负责人民调解工作的专门机构。我初步的想法是，司法行政系统从上到下，从司法部到下面司法局，都设立专门的调解处，再到下面设立专门的调解所。在调解所配几个专业的调解人员。所长不是不可以流动，就像法院的院长可能流动，但审判员不能经常流动，所以要打造专业队伍，机构设置必须要改进。当然，您讲的有一点我深有感受：我认为一个国家的治理，从纠纷解决体系和整个国家治理的角度来讲，人民调解可以算作是个健身的环节，一旦进入诉讼，甚至变成了信访，则到了一个吃药治病的环节了。实际上，调解工作包括了矛盾的排查、预防，它是解决纠纷的第一道防线，所以这个环节搞好，整个国家的健身环节就做好了。我们讲国家治理的创新，应该要强化健身环节，只有健身环节这个第一道防线做好、做强了，就不用投入大量成本来吃药了。

李：对，这个比喻很恰当。讲到这个问题，我插一句，我前面讲的那个边界纠纷专项整治活动，其间也化解了一大批信访积案。我们在写汇报材料时，关于信访积案我谈了这样一个观点：虽然我们的专项整治活动取得了阶段性的成果，但从另一方面看，也反映出我们的矛盾化解机制出了问题，要不然这些矛盾纠纷就不需要搞一个专项整治行动才能化解。如果矛盾化解机制本身是健康的，这些矛盾早就处理好了，不可能需要投入这么多人力物力来集中攻坚。

廖：这就是一个反面说明材料。如果我们的调解机制强化了，很可能压根不会出现这个问题。而调解工作本身没搞好，这些矛盾纠纷就积压下来，但最终还是要用调解的手段解决，所以我们没有理由非要等到进入病态的时候才进行处理。

李：我一直想讲，对调解工作的调研，从实务层面上看，包括数据统计、情况分析，这些更多的只是感性认识，只能让我们了解调解问题的现状。要达到理想状况，需要国家层面从整个体制上加强中国的调解制度建设。

廖：所以您前面讲的一点，我非常认可，刚刚也引发了我的一个思考。过去我们往往认为法治与调解是对立的，认为像西方国家那样的诉讼程序才是法治。实际上，法治与调解在中国并不是矛盾的，调解恰好弥补了我们法治发展过程中的某些缺陷。具体主要表现在两个方面：第一，我们经常讲法律的局限性是它的滞后性。法律的滞后性，导致它不能及时地把社会形势的变化反映出来，而调解很大程度上能够及时地弥补法律的这种滞后性。调解可以根据实际情况，把我们大家实际上已经都认可了、但法律还没有反映出来的问题解决掉。第二，在社会转型期，恰好就是传统的东西还在延续，还在发挥作用，新的东西已经萌芽，但还没有完全建立起来的时期。那么，在这个过程中，我们农村社会中的民间法和国家制定法实际上是同时并存的。调解在这两个层面中，可以起到很好的衔接作用。在某种程度上，我认为调解机制是社会转型期国家法与民间法的一种粘合剂。总之，我认为，调解既可以在现代社会中解决法律的滞后性问题，又可以在国家法、民间法之间起到一种粘合剂作用，所以说这是一个最佳的治理方式。今天李局长的一番言论给我的启发很深，真是非常感谢！

李：我是从事实践工作的，在理论方面不行，今天谈的很有限。

廖：您过谦了。我看到刚才来了好几批人找您，您真是太忙了！下次有机会我们继续聊。

李：好的。

调解并非“和稀泥”　围绕法律讲情理

——调解能手曹元球访谈录

曹元球，男，1984年8月—1987年4月任临武县大冲乡政府团委书记、秘书；1987年5月—1989年10月任临武县委办秘书，期间通过自考获湘潭大学行政管理专业大专文凭；1989年11月—1992年9月任临武县双溪乡政府副乡长；1992年10月—1993年6月任临武县花塘乡党委副书记；1993年7月—1995年9月任临武县汾市乡政府乡长；1995年10月—2014年2月任临武县楚江乡政府乡长、党委书记，期间通过自考获湘潭大学文秘专业本科文凭；2001年3月—2006年2月任临武县委政法委副书记、稳定办主任、综治办主任；2006年3月至今任临武县司法局局长，期间取得西南政法大学法学本科函授文凭；2010年通过国家司法考试；2012年荣获司法部授予的“全国调解能手”奖。

访 谈 人：廖永安，湘潭大学法学院教授

被访谈人：曹元球，临武县司法局局长

时　　间：2012年7月26日上午

地　　点：临武县司法局

廖永安（后文简称“廖”）：曹局长，您好！我们此行一个主要的目的是，

通过对您这样的人民调解能手的逐个访谈，了解你们多年从事调解工作的经验与技巧、感受与心得，进而整理出一本能反映我国人民调解工作基本面貌、真实特色的《如何当好调解员：人民调解能手访谈录》。首先，能不能请您介绍一下您的调解经验？

曹元球（后文简称“曹”）：接待各位，既高兴又惶恐。也谈不上什么经验。对于人民调解工作，我体会最深的是三个方面：首先是以一个什么样的态度来对待它。我觉得要有一颗红心来对待人民调解工作。什么是“红心”呢？说白了，就是要热心，要有责任心。对于工作（如果）仅仅是当作一份差事，那肯定是做不好的。就人民调解这一块来说，要喜欢它，要热爱它。从我自己来说，既然到了这一行，我就把它当成一种职业、一种事业来做。我当司法局局长的一个行政理念是“要做大做强人民调解”。要做大做强，首先不能去排斥它，不能嫌麻烦，不能嫌案子多，而是要主动与信访局、政法委、交警队、医院（等相关部门）加强联系。您看，我们这里的人民调解部门，现在是门庭若市，民众络绎不绝地找上门来。责任缺位是现在社会很严重的问题。近几年我们抓住《人民调解法》出台这个契机，（要求）每个局领导每年负责至少五个人民调解的案子，发扬五加二、白加黑的工作精神。如果没有这种精神，或者稍微放松一下，就调解不成了。

廖：什么是“五加二”、“白加黑”？

曹：“五加二”、“白加黑”就是指调解工作时间要服从案情而加班加点。“五加二”即五个工作日加两个双休日；“白加黑”即白天加晚上。前一阵子，县里交给我们办一个案子，政法委副书记调了一个多月没有调成，我们集中火力调解这个案子，12 天之后就圆满解决。还有，我们承办了一个上访 37 年的案件，元旦节也不休息，用了将近 3 个月解决了这个事。通过这两个事，我们认为调解案件要一鼓作气，坚持到底，一气呵成。第二个体会就是在具体调解案子方面，要走五个步骤，按部就班，一定要到位。第一是接待，第二是调查取证，第三是研判，第四是调解，第五是善后。不管调解是成功还是不成功，都要按这五步来走。首先是接待，接待是非常重要的一环。通过接待，我们可以接近当事人，接近案件。如果接待不好，当事人对你不会满意。对你没有信任感，就不会再找来了，甚至还可能会投诉你。而且接待不好，会造成调解人员一开始就与当事人沟通不好。沟通不好，就很难了解案情。因此，当事人一来，要和风细雨地和当事人说话，问他有什么事，看一下他的书面报告。临走的时候要留下当事人尽可能详细的基本信息，如姓名、身份证号码、家庭住址、联系方式、家庭成员、近亲属等情况。

廖：还应该了解他的家庭成员、近亲属情况？

曹：是的。了解这些，主要是看看家里亲戚中，谁是可以影响、主导他的人。另外，拉拉家常容易形成一种亲近感、信任感，便于案件调解成功。拿我最近负责的郭三宝上访案件来说，这个郭三宝，十三年的上访，只为了四分五厘地。目前虽然我还没有最后调解成功，但是他至少已经停止上访了。告诉你们一个很有趣的事，你们可能不知道，很多上访人员在北京自己组建了接待处。现在有些上访人员已经形成了一系列的专门流程。多年上访的人员，政治水平、法律水平一般都很高，接待他们稍微不注意，他们就会不满，就会投诉我们，“炒我们的鱿鱼”。他们有委屈，想找人倾诉，接待得好，就能拉近他们与政府的距离，让他们变得开始相信政府。接待不好，调解工作往往没开始就失败了。

廖：想不到人民调解中的“接待”原来如此重要！

曹：是呀！这里面大有学问呢！在接待方面，我觉得周朝的“五听”讼狱很有借鉴作用，即辞（听）、色（听）、气（听）、耳（听）、目（听）。五听，就是看他说什么，不能打断他，让他发泄、说完，说完他就舒服了。听他怎么说，说什么，观察他的神色、语气等，可以看出他的文化水平，了解他的具体诉求。通过五听基本上可以准确地给当事人画像，看他属于哪一种类型的人。这个“五听”的方法需要慢慢地体会，久了就会有所提高。“接待”中好好倾听，是调解成功的第一关。

廖：嗯，曹局的认识很深刻！

曹：法律适用是建立在事实的基础上的，调查取证是依法调解不可逾越的一关。而且，上升到我们（司法局）这个层面（来调解）的纠纷必须要调查取证，基本上不能当即调解。调查取证之前一定要拟出一个调查提纲。我以前接了一个供销社改制的案子，调解前我把所有相关的法律找来都看了一遍，包括物权法、公司法等，在这个基础上再进行调查取证。其实，案子的（法律）定性很重要，找一些相关的案例看看，先确定个方向。我们调解人员要主导当事人，不能让当事人主导我们。我们调解的是可以调解的标的额，对于法律有硬性规定的我们不能够突破。因此，我调解成功的案子绝对不是不讲原则，不讲法律。我特别强调：调解不是和稀泥，（调解要）坚持原则讲道理，围绕法律讲情理。情、理、法三者融合，寻求最佳结合点。

廖：现在一种流行的看法以为调解就是“和稀泥”。

曹：我主持的调解绝对不是这样的。

廖：因此，调解搞好了，与法院审判不但不冲突，反而可以互为补充。

曹：是这样的。第三个步骤，是研判。取证之后，先要“研”——就是研讨事实，对当事人说的要进行归纳整理。我们要进入一种意境来研讨事实，求得真相，这特别像西方的自由心证。从这个意义上来说，调解是融合大陆法系和英美法系的纽带，是在大陆法系的框架下实现英美法系，特别像衡平法，寻找最公平合理的方案。就像法官造法，人民调解可以发挥自己的想象空间，不局限于现有（法律规定）的条条框框。法律是滞后的，调解却是可以与时俱进的。（案件）事实基本确定后，我们要商定调解方案，这就是“判”。调解方案可以准备好几套，根据（纠纷当事人不同的）具体诉求，方案之间可以组合，可以相互替换，例如第一赔礼道歉，第二恢复原状，第三赔偿损失……可以把这些方案进行组合、替换，追求一种成功率，只要双方认可就可以了。记得，预备方案要留好可伸可缩的适当余地，而且不要轻易就亮出来了——它是一种秘密武器，只有在当事人间已经传达出较强的和解意愿时才能亮出来，才会起到顺其自然、恰到好处的效果。

廖：看来“研判”的具体操作，既需要丰富的法律知识，又需要开放性解决问题的想象力。而且，在具体亮出研判方案时还要配合运用好各种调解技巧，留心把握好调解的节奏与解决问题的时机。

曹：是的。第四步就是组织调解。严格来讲，前面（三个步骤）都是准备调解。真正要解决纠纷，调解最终要（当事人）面对面（谈）。这一步艺术性特别强，最精彩。首先，开始“面对面”调解前，我会先写好一个调解词，就像主持词一样。其次，规范化的调解，我坚持三个“抓”原则”。三个“抓”，是抓关键点，抓核心人物攻关，抓焦点难点来突破。其中，抓关键点，就是对当事人最关注什么、最害怕什么、最关心什么、最需要什么，调解员要心中有数，调解时应尽量单刀直入、一针见血。抓住这三原则后，还要打好三场“战”，打心理战，打法律战，打人情战。调解成一个案件，就像（完成）一件艺术品，一个雕塑，要讲究技巧，（才能）事半功倍。有一个拖了5年的纠纷，一个个体户在城里发了财，要回村里建别墅，地点选在了村路边的一块土地上。由于历史原因，附近两个村对这块地的产权归属问题历来存在争议，而且这块地还葬着几家村民的祖坟。别墅动工后，很多村民自然不同意，就发起了“保坟运动”。“保坟运动”持续了5年，乡里面调解了很多次，派出所等部门也介入了，还拘留了几个人，都没有解决好。我们接了这个案子以后，做通个体户的工作，做通村里老百姓的工作，现在不仅问题解决了，而且老板还给村里修了路。通过这件事我总结了几点：没有方案不通知，即没有拿出方案来，不通知调解。没有预案不开会，没有努力不放弃。而且要应对瞬息万变的变化。没有签字不散会，签字了还要盖手印。没有敦促不回家，告诉当事人怎么履行，怎么兑现，这是最关键的。对于调解不成的，也要劝慰他们可以再调或另找他法，让其抱有希望，因为就算当时没有达成调解协议，但我们的调解过程本身也能给他们上一堂法律课、情理课。如果签了（调解）协议，我们还会告诉当事人可以进行司法确认，我们会给法院一份（人民）调解员名册。调解协议兑现后，我们还要进行回访，不能调解完了就结束了。这就是我的一点心得。

廖：曹局长讲得太精彩了。

曹：第三点体会，对于一个合格的调解员，我画了一个像，要有雷锋的善心，热爱这个事业；要有演员的脸皮，不能害羞；要有博士的知识，知识面要广；要有媒婆的嘴巴，善于言谈；要有包公的手腕，明辨是非，不徇私情。每办完一个案子，我们疲倦得只想睡觉。我经常说，一本厚重的卷宗包含着调解员的汗水，一份精简的协议解开了当事人的疙瘩。通过多年的经验总结，我觉得开一个人民调解专业很有必要，基层很需要。

廖：我看到您这里的调解室贴了很多标语，很有意思。

曹：这是我们的调解文化建设。我们的调解文化是很有好处的，不要以为它只是一个花架子。其实呢，我认为调解说到底就表现为调解文化。我们去浙江、武汉等调解文化建设得好的地方学习过，回来后针对我们临武的特色，慢慢摸索、总结出我们这里哪些纠纷比较多，哪些类型的纠纷当事人比较多，他们大多分为哪些层次，然后再拟出有针对性的标语。因此，调解文化是一种沉淀、一种积累，它不是一天就能建成的。像我们这里经济比较发达，争田争地的纠纷已经不多了，但是经济利益纠纷比较多。在没有进行矿山整合整改之前，矿山资源权属、矿山工伤事故纠纷比较多。所以，我们总结出纠纷当事人主要是两类人：富得冒尖的老板与穷得叮当响的打工仔。对于这样两种人之间的纠纷，因为双方经济实力相差悬殊，彼此理解起来很困难，矛盾冲突性往往就会很强，相互间的沟通交流工作很不好做。针对这些情况我们专门在调解室显眼的地方设计了一些标语。如针对一些总是愤愤不平、且不是第一次来的当事人，我们在他进门处打出的标语是“上帝为你关上一扇门，必定会为你打开一扇窗”，意思是一方面开导宽慰他，一方面让他放心：“天无绝人之路，在这里我们肯定会保护你的权益，不会帮着有钱人欺负你”。还有就是“善良的心是最好的法律”和“生气是拿别人的错误来惩罚自己”，这样的标语让纠纷双方未进调解室，先自我调节一下，把火气降下来，然后我们再慢慢引导，然后再调解。这些标语的效果无声胜有声，有时比我们直接给当事人做思想工作的效果好得多，当事人也跟我们说觉得这个气氛很好。

廖：你们这里的人民调解非常用心，非常细致，让人感动。一直以来，我们一直有个心愿，想把调解创办成一个专业。如果真办成了，一定要请曹局您来给学生上课。关于人民调解专业，您看看这个应该怎么发展?

曹：如果要成立职业队伍，我想这在司法系统里会是一支最庞大的队伍。像我们这里的（人民）调解员就有上千人，现在我们这里要基层给他们发证，要求持证才能上岗。但是要真正做到职业化（发展），培训也好，人员的选拔也好……能不能制定出一个全国统一的整体性的人民调解工作体制，把这么大一块从司法行政系统里独立出来，这个非常不容易。

廖：这确实是需要慢慢起步，长远规划。

曹：培育职业化，实际上我做了一个这方面的尝试。我这里现在有（司法行政）专职人员了，内务接待等工作都由他们来做，调解的时候我们来做，他就做一些辅助性的工作。我们的调解庭现在工作量很大，职业化发展实际上是社会管理创新最需要的、也是最好的设想。人民最需要、我们基层干部也最希望职业化发展的人民调解。

实际上，人民调解在市级以上的行政辖区，没在基层乡镇、农村地区那么大的意义，因为人民调解讲究“纠纷化解在基层”，它是第一道防线。人民调解（工作）弄好了，就不存在（上级部门）再继续解决（的问题）；如果弄不好，纠纷当事人继续上访，最后仍然要我们来具体解决问题，因此弄好弄不好，人民调解主要是下面基层的事情。但现在的一个问题是，人民调解好像上面下面两头都被丢掉了。在上面，一看到有上访、信访的，就觉得基层净是问题，看不到人民调解在基层做了大量的工作。在下面，因为人民调解不容易被上面重视，人财物的问题都得不到保障；人财物的问题解决不好，又导致在真正需要人民调解的基层没人干，没钱干（人民调解的活）。特别是县乡两级，现在司法行政夹在这个中间，很尴尬，所以人民调解的职业化发展太有必要了。

廖：我也是觉得人民调解只有走职业化发展的道路才是长远之计。

曹：我有个建议，如果把人民调解办成一种职业、一种专业的话，那么心理学、演讲与口才、形式逻辑、调解文化、民俗风情、法律常识、调解艺术、证据学、法律文书写作，这些课程都要开，我们的基层人民调解员如果有了这些知识，应该就差不多了。

廖：下次我一定要请您来做创办人民调解专业的论证工作。还有一个问题，就是您如何看待最近出台的人民调解协议司法确认制度？

曹：我觉得可以加强人民调解的效力，但是法院没做，我们送了几个案件（的调解协议）过去，他们也没做。他们经常让我们吃闭门羹，他们没搞过，他们也不想搞。我们私下找他们，他们也不愿做这块。

廖：你们曾经送过几个案件？

曹：送过去三个，他们都打回来了。

廖：后来这几个协议都处理好了吗？

曹：都处理好了。

廖：你们是怎么看待这件事的，你觉得这个制度（怎么样）呢？

曹：司法确认这个制度从它设立的初衷来看，还是有必要的，但是要完善。为什么这么说呢？因为目前人民调解员队伍整体素质不高，良莠不齐。我们这里的人民调解工作，对人民调解员的要求可以说是完全开放式的。我看了《人民调解法》，关于人民调解员应该具备的条件，也没有文化素质、专业证书等要求，主要只是要求人民调解员应该公道、正派，热爱这项事业。第二个，人民调解员来源广泛，而且基本上是带有自治性质的，调解过程中有时候也可能会侵犯或剥夺当事人的权利。所以从这个角度来说，对人民调解协议进行司法确认是有必要的。但是这个也有负面影响，特别从具体实践来看，负面影响还很多，（我们）现在基本是实行不了（这个制度），可能只是对人民调解员、对当事人有个提醒作用，但这方面的作用不是很明显。实际上，人民调解协议虽然经历了最开始的“（法律）没有（明确规定其）效力”再到“民事合同效力”再到“司法确认（后可以强制执行的）效力”，但在实际调解中对当事人没有很大的影响，反而我们最主要是靠道德约束力、当事人自主去履行。所以在我们这里司法确认不是很常见，当事人达成调解协议后仍走他们的习惯（路线）。

司法确认制度的负面作用是因为，现在从司法行政人员来说，我们也想人民调解协议要么被直接赋予法律（上的强制执行）效力；要么就别这样，以免还要去法院一趟，而且最主要的是法院又不配合。法院为什么不配合？我们跟他们聊了，他们主要有两个方面的原因：第一个原因是他们认为人民调解一般处理的是比较小、特别低级的纠纷，协议本身也特别粗糙。要他们来认我们的账，好像收编土八路一样，他们才不认呢。他们不认可我们，内心是认为他们与人民调解是两个层次，他们是高级的，我们是低级的，就像正规军对杂牌军一样。第二个原因，可能我理解得并不准确，从他们方面来想，搞个司法确认程序，法院什么费也不能收，办案数也不能算，还要盖一个章，出了事要负责，错案追究要承担，搞好了功劳全是你人民调解的，所以他们从上到下，从高层到基层都不可能积极。

廖：看来司法确认制度要想取得效果，还有许多方面需要进一步的完善。特别是曹局你刚才说到的人民调解与法院两个系统的衔接机制建设与工作配合问题，现在几乎还没有引起足够的重视。

曹：是的。我们去年弄了几个案件，一个是交通事故赔偿纠纷。乡政府去搞矿山整治，车在路上和另一个车碰了。碰了以后，对方当事人变成植物人了。当时情况很特殊，（对方）当事人老婆是（个）精神病（患者）。家里超生，四个小孩，他是主要劳动力。因为他变成植物人了，他的家庭就要垮掉了。所以当事人亲友总是反反复复吵啊闹啊，堵乡、县政府大门。鉴于这个情况，我们就抓住双方关注的问题进行调解，调成 27 万并签订了协议。这事了结了之后，我们就引导双方到法院去搞司法确认。从我们司法局来看呢，就是要避免双方当事人今后再为这个事互相扯不清。谁知法院的态度是：这样的赔偿有什么法律根据？从审判的角度来看，一笔笔是怎么算的？我说，我们人民调解这一块，应该大体上没有违背法律，但按法律确实有说不清的（地方），很麻烦。我们后来就不想搞了，实际上他们（法院）也把这件事束之高阁，才导致这个司法确认制度不好操作。应该怎么来完善呢？比如像仲裁，仲裁可以直接生成法律效力，不要再去搞什么确认。为什么呢，因为仲裁员有个职业门槛，而且只有市一级才设立仲裁机构。

廖：是的，仲裁员有严格的要求。

曹：嗯，对。还有我们的公证制度，债权文书只要公证了就直接被赋予强制执行效力，公证员也有一个职业门槛。所以呢，这是一个启发点——我们的人民调解协议达成了，也可以直接赋予它法律强制执行效力；要么，司法确认不一定放到法院去做，而是放在司法行政系统内来做。比如说在司法局里专门设立一个司法确认机构，同时利用好司法局现有的律师资源。这样的话，我们至少不用跨到法院系统去了。当然，也可以在市州一级以上专门设立一个负责司法确认的部门。

廖：司法确认（制度）的法理依据在于法院对其他部门适用法律负有最后的监督功能。仲裁裁决具有强制性效力，但不是完全不受任何监督。仲裁当事人也有救济途径，他可以到法院申请撤销，还可以到法院申请不执行，这都体现了法院对仲裁的监督。对于公证文书，法院也可以不予执行。这个也体现了法院对它的监督。您提的这个想法，可能也要考虑司法系统内部的司法确认制度的合理监督问题。您刚才讲的这个思路我觉得挺好，但是人民调解工作是司法行政部门分管的一项工作。现在能不能在司法行政系统内部，对它进行一个审核，然后就赋予基于双方合意的人民调解协议直接的强制执行力？

曹：嗯，这也是一个问题。

廖：如果赋予它强制执行力后，可以马上向法院申请执行，这样一来，怎么做到对它合理监督与有效救济呢？可能还需要更深的思考。

曹：但是问题是，我们的立法呢，从这个角度上来说，确实有点超前了。从司法确认制度来说，首先反映出的就是对基层的人民调解协议，国家还是持怀疑、不放心的态度，之所以要把它弄到法院去（审查），意思就是让法院给你做了大后盾，人民调解协议直接就可以强制执行了。按那个说法呢，我们的人民调解就变成了法院下设的法庭。如果法院认可了，人民调解员就直接做了一次法官。你是法官，就有判决的效力。司法确认制度就可以把人民调解一步就转成法院调解。人民调解并不是件件都会出问题，这个我虽然没有具体统计过，但据我的经验，可能调解一千件，它真正出问题的，应该不到千分之几。就是说真正反悔的并不多，目前申请司法确认的也不多。我刚才说了，不多的一个原因是法院不愿意干。另一方面，因为司法确认制度最大的初衷就是让达成人民调解协议的纠纷的当事人加一个放心，多上个保险。你现在想让他到法院里去申请确认，但他一直以来愿意选择人民调解，就是因为压根儿就不想进法院。所以，你硬要他到法院，他还不乐意。所以我认为，这个确认制度跟下面的风俗民情很不适应。您看，大家本来就不愿去法院申请司法确认，法院又在堵这条路，所以实际上这个程序就被闲置了。

让强势方占点便宜　让弱势方出口气

——调解能手曹志平访谈录

曹志平，1990年7月—1997年1月，任湖南省安仁县机械厂技术员；1997年1月—1998年10月，任湖南省安仁县广播局书记；1998年10月—2001年10月，任湖南省安仁县龙市乡副科秘书；2001年10月—2004年1月，任湖南省安仁县军山乡武装部长；2004年1月—2005年至1月，任湖南省安仁县灵官镇人民政府副镇长；2005年1月—2006年1月，任湖南省安仁县灵官镇政协组长；2006年1月—2007年10月，任湖南省安仁县灵官镇人民政府镇长；2007年10月—至2009年7月，任湖南省安仁县羊脑乡党委书记；2009年7月至今，任湖南省安仁县司法局党组书记、局长。

访 谈 人：廖永安，湘潭大学法学院教授

被访谈人：曹志平，安仁县司法局局长

时　　间：2012年8月22日

地　　点：郴州市安仁县司法局办公室

廖永安（后文简称“廖”）：曹局长，您好！非常感谢您在百忙中抽出时间接受我们的访谈。上次我到郴州调研，深刻地感受到郴州的调解工作取得了很多可喜的成绩，有很多宝贵的经验。但因时间仓促，上次调研只形成了一些粗略的

印象。这次调研，我们想深度访谈一批调解能手，收集一线调解工作者对调解工作的意见与感受。我们知道，您从事调解工作已经有 17 年，对调解工作进行过深入的思考，形成了自己独到的见解。

曹志平（后文简称“曹”）：不敢当，不敢当。我们只是就调解工作一起来聊聊天，谈不上什么见解。首先，我简单介绍一下安仁县的司法（局）调解网络和人民调解网络的基本情况。

廖：好的。

曹：整个安仁县司法局总编制有 44 个，其中政法专项编制 42 个，机关中有 23 个编制，乡镇有 21 个编制，目前在编在职在岗的 34 个，在职在岗但不在编制的 9 个。另外局机关聘请了 5 名专职人民调解员，这就是我们县司法调解最基本的力量。除了这支力量外，我们县司法局推动县委县政府出台了一个 18 号文件，对人民调解工作的经费、人员、网络建设等方面做了全面的规定。文件明确规定县司法局聘请 5 名专职人民调解员。由资深律师、资深法律工作者或者是从事过调解工作的老党员、领导干部组成，组建县巡回人民调解庭，用于调处重特大纠纷。另外，（安仁）21 个乡镇（办事处），每个乡镇至少聘请 3 名专职人民调解员，由乡财政每月发给其若干津贴和案件补助。现在全县 21 个乡镇聘请了 81 名专职人民调解员，调解本乡的重特大纠纷。此外，文件中还规定每村（应）聘请 3 名村人民调解员，225 个村聘请了 675 个村人民调解员，这些村人民调解员由县财政每人（每年）补贴 600 元和若干办案补助。这个文件得到了全面落实，全县直接掌控的（人民）调解力量有 804 人，从目前效果来看非常好。

廖：安仁县的调解队伍规模不小呀！那他们具体如何开展工作？

曹：一般来讲，县调解员受县调解领导小组办公室的指派，处理全县的重特大纠纷，每月有 800 元（基本生活津贴），还另加案件补助；乡调解员受乡调委会的指派，处理（全）乡的较大纠纷；村调解员受村调委会的指派，处理村里的大小纠纷。村调解员由村调委会聘任，乡调解员由乡调委会聘任，最后到县司法局审查、报批、发证，这是产生程序。工作程序刚刚也涉及了一部分，村调解员无法解决（的纠纷），要求乡调解员解决的，由乡调解员到村里进行调解，乡调解员调解所产生的费用由村里负担；县调解员到乡镇调解案件，所有产生的调解费用由乡镇财政进行负担。这个机制已经运行半年了。对常年在一线做人民调解工作却没有名分的人民调解员来说，这个文件的出台，（这支）队伍的组建，是一种身份的明确。就像我们今天在灵官镇看到的调解员老黎，他家非常富裕，儿子工作都很好。他不愁吃不愁穿，平时在村里是个（爱主动调解纠纷的）“和事佬"。但有些老百姓就会说他："你既不是乡村干部，又不是司法所的人员，这些纠纷关你什么事?"现在给他发了调解员证，他再做调解工作就名正言顺了。调解员证的发放，更大程度上是一种身份的标志。所以这个工作机制建立起来后，纠纷不经过村里调解，乡里不予受理；不经过乡里调解，县里不予受理。目前小纠纷在村里解决，较大的纠纷在乡里解决，大纠纷在县里解决。今年上半年以来，由民事纠纷演变为信访问题的案件非常罕见，新增加的信访问题都是涉法涉诉（方面）引起的，从某种意义上来说就不是司法行政的问题了。从这个方面来说，尽管县财政就调解队伍的开支只有100多万，但是对打造平安安仁（来说）确实发挥了非常大的作用，相信这个作用还会继续扩大并继续加强。

廖：哦，县财政一年就调解工作投入100多万，那你们的调解经费够用吗?

曹：按照目前的标准，我们这里的调解经费刚刚够用。但村调解员现在只有600元（一月）。按安仁县（现在）做工的行情来算，做工4天就能有600元。所以，调解机制要想留住有能力的人，财力保障方面还需要大力加强。

廖：以前我们只知道法院系统的经费非常紧张；诉讼费用制度改革以后已有所改善。但听您这样一说，调解工作的经费似乎更紧张。

曹：是的。都说调解是五千年来东方文化的一颗明珠，它也的确为五千年来中国社会的和谐稳定起到了不可忽视的作用，这个作用可以说是其他任何措施都不能取代的。西方把法律当成是至高无上的行为准则；我们中国，尽管这些年来法律还存在一些不完善的地方，但是毕竟多数领域法律已经健全了。整个社会在大的方面看似依法、守法，在一些小的方面，却依然更多的还是处在一种"无法"状态，仍需依靠道德或人情世故来维系运转。在我们安仁，司法（局主导的）调解、人民调解是化解基层矛盾、平息民间纠纷最重要的手段。但是现行体制下，我们司法部门并不太受重视。我认为，要使司法部门真正积极地运转，确实为社会的和谐稳定发挥好更大的作用，就要解决好"有人办事""有钱办事""有章程管住人和事"这三个问题。只有解决好这些，才能真正做到"花较少的钱，解决重大问题"真正把民间纠纷化解在基层。

廖：花少的钱，解决重大问题?

曹：我先谈谈一个纠纷（可能出现）的不同发展阶段，就容易理解了。我认为，无论是进京（上访）还是群体性事件，一个纠纷首先经过萌芽阶段，即发生前的积蓄酝酿好像一个种子一样。第二个阶段就是初发阶段，即刚刚发生，就像种子在温度、水等环境全都适宜的时候，就会破土而出。如邻里纠纷，土地纠纷等，经过萌芽阶段的酝酿发酵，在初发阶段就发生了，比如邻里纠纷中的争山争地争水，发生口角、吵架，就是初发阶段的表现，矛盾在这个阶段还是可控的。第三阶段是全面激发阶段。在初发阶段，一般情况下，双方当事人并没有想到找调解组织，找相关党委政府。全面激发阶段，就是纠纷正式发生了，在农村就是双方纷纷拿起家伙你打我我打你，并造成了不同的损伤。这个阶段如果调解组织反应得快，及时处理纠纷应该还是完全可以控制的，不会导致双方人员重大伤亡或财产方面的重大损失。从萌芽阶段到初发阶段再到全面激发阶段，这三个阶段调解纠纷成本非常低，较容易控制。第四个阶段就是反映问题阶段，纠纷双方到乡村二级组织要求解决矛盾。这个阶段也属于人民调解阶段，矛盾在这个阶段仍然是可控的，是可以通过调解解决的。如果在这个阶段仍没有解决好，比如出现相关部门互相踢皮球的情形，当事人就可能到县里、市里找相关领导要求解决，甚至进京上访。又比如当事人找县里解决问题，领导或给了一个批示，指定某人或某部门来解决这个纠纷，但是某人或某部门执行（领导批示）不力，互相踢皮球可能导致接下来的几个月纠纷还没有妥善处理好，那么矛盾就会进入到第五个阶段，即剧发阶段——在乡里没有解决好，在县里也没解决好，那么当事人就只有依靠自己的力量来解决纠纷。意见越闹越大，（纠纷）双方纠集各自的亲戚朋友闹事，那么就会造成更大的矛盾和冲突，造成更大的人员伤亡和财产损失；或者当事人找省里反映，甚至到北京上访。矛盾纠纷到了这个阶段，双方花了大量的精力，造成了较大的损失。在纠缠的过程中，双方在都有一定的过错的情况下就不容易解决了。第六个阶段，是上访，缠访，闹访阶段。在这几个阶段中，一至三阶段是最好解决纠纷的阶段，到第四个阶段，纠纷也可以控制，一至四阶段应该都属于人民调解容易的开展范畴，在这个范畴内解决问题的成本比较低。到了第五、第六阶段，解决纠纷的平均成本，根据我县实际来说，在五倍以上，个别甚至十倍二十倍以上。

廖：哦，看来调解员介入纠纷的时段不同，不仅影响到案件能否顺利调解成功，而且对调解成本的大小有着重大的影响。

曹：是的。就我的亲身经历来说，2004 年我老家所在的乡镇曾发生了一起纠纷，双方从纠纷发生到第一次打架，当时政府（有关）部门尽管及时介入处理，但没能对此事作出妥善的处理，尤其是（伤害）赔偿问题没能及时解决。双方继续纠缠，导致一方伤残，一方被追究刑事责任。当事人一方不服就进京上访。当时如果政府采取一些手段，如救济、社会保障等，妥善及时地处理这起纠纷，可能只要四五万块钱就能解决问题。但拖到 2012 年，前后花费了 60 多万还没有将此事解决。在这个过程中，出现了由几万块钱到 100 万的跨越。并且期间，伤残一方家属连年进京上访，给我们政府也造成了很大的维稳开支。

廖：看来，人民调解员介入纠纷的时段不同，解决纠纷的成本相差非常之大。

曹：所以，调解工作抓好了，就是“花较少的钱，解决重大问题”。现在我也看到一些资料，说中国社会的维稳成本非常高。但是我们可以尽量把钱和精力花在预防和调处阶段，而不是费力不讨好地花在矛盾剧发后信访维稳阶段，花在后阶段的成本比花在前阶段的成本至少高出三倍、五倍，甚至十倍。

廖：依您看，目前我国调解工作有哪些最主要的问题，该如何解决呢？

曹：这还得回到我开始说的“有人办事”“有钱办事”“有章程管住人和事”的问题。举个具体例子来说吧，比如说安仁县，它有40多万人口，一年有那么多的纠纷，涉及那么多的人与事，因此首先要解决“有人办事”的问题，也就是要有足够数量经验丰富的调解员。媒体宣传、我们的文件都经常说，人民调解依靠的是社会各界的力量，尤其是群众自发、无偿参与解决纠纷的力量，但实际上，调解工作更需要依靠党委、政府的力量，没有“公家人”，人民调解工作是难以玩转的。而党委、政府对调解的支持，首先要解决“有人办事”的问题。尽管上面文件是说一个乡镇要配备3—5个司法助理，但目前很难实现。安仁现在1个乡镇就1个司法助理，人数远远不够。

廖：我从统计数字上了解好像有1.8个吧？

曹：但实际上1个乡镇的司法助理员就只有1个人。下村调解纠纷连个伴都没有，我们封建社会的县官，最主要的就是解决两个事情：一是治安、诉讼，二是钱粮。仅这两个事情就耗费了他们全部的精力。有专家说，司法和公安承担了整个社会70%以上的管理责任。如果真正将公安和司法这两块做好了，尤其是司法，社会管理也就变得简单得多。但是在基层司法工作中，人员保障却是个大问题。各县司法局的岗位编制是由省里控制的专项政法编制，人员入编逢进必考。（招考）先由各司法局上报招考计划，但有时候空编即使上报了计划也不能招考，因为不少县的公务员编制已经超额了，所以目前通过招考进一个有编制的正式司法助理很困难。另一方面，因为待遇、工作压力、劳动强度、晋升空间等的限制，招考进来的（司法助理）又经常向其他岗位流动，就更难保障“有人做事，有人管事”了。

廖：您认为怎样才能解决这个“人”的问题呢？

曹：要真正解决“人”的问题，我认为更多的还是要结合中国的国情，首先采用强制性规定，而不是指导性文件来配备基层司法助理。所以，关于司法助理的配备，不能仅仅是我们司法部门发文，还要人事部门发文，明确各个乡镇司法助理的人数保障和进出通道。其次，人员如果到位了，对他们进行培训非常重要。基层调解是和老百姓打交道，工作所运用的很多东西是书本上学不到的，基层调解更多的培训也应该是经验的培训。另外，司法干部要建立一套类似于教师职称一样的制度，确保司法干部队伍的稳定。

廖：也就是说，乡镇司法助理的人员数应确定一个最低限度的硬指标，现在这种文件性的指导意见对于解决基层调解“有人办事”这个问题并不得力。

曹：是的。第二个就是要解决“有钱办事”的问题。前面我们算过一笔帐，清楚村里的人民调解员津贴很少。实际上，司法所也非常缺钱。造成司法所缺钱的一个重要原因，就是“无人办事”。我们这里，司法所通常只有一个人，就不可能成为一个单位，所以司法所往往都挂靠在乡政府。挂靠乡政府，基本不可能有独立的财权。因此，要真正解决“有钱办事”（的问题），首先就要解决人员保障问题。有了人，司法所才能成为一个相对独立的单位——就像乡镇派出所那样的小单位，然后才能实现县司法（局）统管、县财政统一预算下相对独立的经费保障。其实，在公、检、法司四家里面，只有调解工作是不收取一分钱的——当然这个方针是对的，理论上基层调解所有的支出都由国家、地方两级财政来保障。但办公经费与人员编制是分不开的，人员不到位，钱自然就少。

当然这些主要是地方基层调解的经费不能切实保障的问题；另一方面，中央（财政）对调解经费的保障也不是很得力。据我所知，中央（财政）拨给地方各项经费（一年）那么多，而给司法这块的转移支付应该只有二三十个亿吧。我们这个网络调解那么多纠纷，你说如果每年少解决百分之五到百分之六的纠纷，就可能会让地方各级党委政府忙得不可开交，可能就要增加相当大的开支。所以，我说中央要更加重视调解，要从体制上保障人民调解的人力、财力。把调解做好了，就可以“花较少的钱，解决重大问题”。使基层真正有了稳定的基础。尽管党的宗旨是全心全意为人民服务，《人民调解法》也规定人民调解不能收费，但是，“服务”也得有条件。所谓兵马未动，粮草先行。我们司法局，每年那么多的工作，法制宣传、法律援助、帮权安置等，只有这么点财力，案件补助、人员两保一金这些方方面面的规费缴纳上去之后，已经吃不消了。有些案件，我们不但不能收钱，还要为经济困难的当事人贴补费用。所以，从我们司法局的情况来看，目前要拿出更多的财力，真是没有办法，所以在这一块，不解决“有钱办事”的问题，基层调解这一块要发挥更大的作用，难！

廖：的确，人、财、物的问题从来都是连在一起的。

曹： 第三个方面就是要有管住人和事的“章程”。第一是（晋升）政策章程，就是说这个司法干部也要像教师一样，有个职称一样的东西使他们有上升的渠道和空间。尽管现在政府出台了一个文件，优先解决（司法助理的）副科（级）待遇，但是这个上升的空间还是比较窄。另外在组织这一块，这个章程要形成一个流程，形成一个梯子，比如说，副所长可以晋升为所长。说到底，就是让人在政治经济上面有个追求。为什么国家部委的干部好管，而基层的干部难管，基层工作难做？因为在国家部委由一个刚参加工作的人（可以）上升到部级干部，有好多梯级，他有政治追求。每上半级，工资待遇和政治职位都上升不少。而在基层，一般干部到科级干部，只有两级，升到副科，再到正科，就没有了。而一个县一年能就地提1—2个处级干部就顶天了，所以更多干部就卡在科级上。没有政治追求，经济待遇又不高，这个人就难得管住了，怎样他都无所谓了嘛。一个（基层）正科干部要升到处级干部，这是非常难的。所以要想管好人，这个（提供职务、待遇晋升空间的）政策章程必须要搞出来。

廖： 前面您也提到司法所人员流动性大的问题。没有很大的晋升空间，司法助理流动性大是不是最主要的原因？

曹： 肯定是最主要的原因之一。人民调解不像法院诉讼，不是一种专门职业，如果行政级别上不去，就没有上升空间了。目前我们这里的司法助理、人民调解员流动变换都非常频繁，如果这支队伍稳不住，人民调解就不可能搞得好。

廖： 是的，只有先稳定了队伍，人民调解才能步入正规化发展道路。所以，可以试着构想，通过专业培训、定期考核等方式，再加上资质认定、职称评定等，将人民调解员划分为一级调解师、二级调解师、三级调解师，然后将人民调解员的工资、福利与级别挂钩，使调解员有奔头，有上升空间。

曹： 廖教授，您的想法很好。我也看到中国的近几年，一般的公务员三年之内有可能当上科长，五年之内可能达到副处级，十年左右有希望达到副厅级，只要你清廉，职务上面就会有大大的上升空间。我们的司法系统也（应该）这样，比如说，我八年以前就是正科级了，虽然我职务上不去，当不了县长、县委常委，但只要我的待遇能够通过考核，不停的增加，就好比科级干部，他通过努力，尽管职务上不去，也可以拿到厅级甚至部级的工资，也能留住人。

廖： 在我们高校，现在教授划分为一级教授、二级教授、三级教授、四级教授四个档位。作为一级教授的院士可以拿到比部长还要高的工资待遇。评个二级教授，也可以达到政府正厅级的待遇。

曹： 我听说，现在在欧美一些国家，他们借鉴了中国调解中一些先进的经验，吸收了中国（调解经验）的精华，但是他们的调解与我们的有着根本的不同：中国的（人民）调解具有无偿性、群众性这些特点，国外的调解是专门的职业活动。

廖：的确，在美国调解就是一种职业，除了无偿的社区调解，它还有市场化运作的专门的商业调解公司。调解公司是要收费的，并且收费很高，因为美国调解公司的调解员是一种职业（人员），不是一般人能做的，有的收费（甚至）比律师还要高。实际上，中国的人民调解员，要求并不比法官低，因为他不仅仅是纯粹适用法律的问题，他还要懂得社会心理学，要有社会常识，加之还要懂地方的风土人情，地方的风俗习惯，此外还要懂调解的具体方法与技巧……同样一个纠纷，有的人能调解成功，有的人就不能调解成功，这里面就是调解员个人素质、调解技巧、方法手段的差别。总之，调解是对一个人的综合能力的要求与评价，这个职业要求很高，所以我们（的人民调解）完全应该走职业化发展道路。更重要的是，我认为只有推动了人民调解的职业化发展，它才会形成不同于诉讼、仲裁、行政管理等的独立的价值体系。而具有自身独立的价值体系，正是人民调解在多元化社会纠纷化解体制中占有一席之地的根本所在。

曹：廖教授，您看到了问题的关键。

廖：走职业化发展的道路是我一直以来关于调解队伍人员稳定、人民调解今后该如何发展的一种设想。另外，除了人民调解员的晋升制度问题，您认为“管住人和事的章程”还包括哪些？

曹：第二个章程就是人民调解相关的各种法律章程，就是做什么事都应该有明确合理的（法律）依据。《人民调解法》的出台为我们今天的人民调解工作提供了依据，但是这个依据并不完善。比如，人民调解协议的司法确认问题，到目前为止，我们安仁县还没有进行过一起司法确认。

廖：没有进行一起司法确认？

曹：整个郴州，各个县市每年要解决的调解纠纷达到几万起，真正进行司法确认的在整个郴州很少。

廖：是吗？那这个问题就比较突出了。

曹：说实在话，我对这个司法确认不感兴趣。为什么？我可以负责任地说，人民调解无法履行的（协议），（通过）司法确认也难以兑现。法院每年大量的积案，大量的“执行难”，就说明了问题。司法确认（过程）中，法院的确认只是完成一个法律过程，不可能充分考虑调解过程的其他社会工作，怎么可能比调解更让人心悦诚服？所以，我们安仁县的民间纠纷，基本上人民调解解决不了的，司法确认、司法裁决也难以解决，所以我对《人民调解法》里面进行司法确认这一块非常有意见，非常有想法。《人民调解法》是一个法律，它应明确规定只要不明显违反国家政策法律，调解协议就自动具有法律效力，如果与国家相关政策法律相抵触就是无效的。因此人民调解协议书在不违反国家法律政策的情况下，应具有（与法院裁决）同等的法律效力，没有必要再进行司法确认。我认为司法确认制度不应列入《人民调解法》。

我可以负责任地说，我们安仁县人民调解协议书的履行率应在99%以上，而法院裁判有不少不能兑现，这就是两者的差别。裁判兑现率低得多，而且兑现成本大，为什么还要进行司法确认呢？再说，人民调解协议书的签订，是本着平等协商、公平公正、自愿互谅（的精神）达成的。如果这都无法兑现，即使进行司法确认，也不太可能兑现。要兑现，就必须强制兑现。事实上，像我们调解纠纷达成的协议书，基本上都会兑现，不进行司法确认，也不想进行司法确认。如果进行司法确认，又要费不少的时间和精力走流程，会给我们人民调解工作增加难度。

廖：增加难度？之前在临武和桂阳调研的时候，桂阳司法局也否定了司法确认制度，临武也没有一起司法确认的案件。但说司法确认制度对人民调解造成了很大的难度，这该怎么理解？

曹：司法确认反而降低和削弱了人民调解的地位和作用。这个程序好像给当事人造成了一个误解，即在司法确认之前（调解协议）可以不履行，甚至反悔，认为只有通过司法确认以后人民调解协议才能获得强制执行的效力，这确实起了反作用。

廖：你们实践部门的确给了我们理论研究提了个醒：一个制度的意义应该从实践的角度去看。

曹：司法确认制度的出台经历了一个过程，这个过程有的环节我参与了，也比较了解。20世纪80年代以来，人民调解出现了严重的萎缩。根据当时多个部门的反馈信息，其中一个重要的原因是认为人民调解协议不具有法律效力，因此老百姓不把调解协议当回事，经常出现反悔、不履行的情况。2001年国家调整司法政策，特别是最高人民法院表态支持人民调解工作，希望在人民调解环节解决纠纷，减少流入法院的案件量，于是出台了一个司法解释，首次赋予人民调解协议民事合同的效力。但是，经过多年的司法实践发现，赋予人民调解协议合同效力仍然不能解决它的履行问题，因为合同也经常出现不履行（的情况），一旦不履行又将产生新的纠纷。于是2010年《人民调解法》增加了司法确认程序，以为经过这一确认程序后，人民调解协议被直接赋予了强制执行力，它的履行问题就解决了。但在我看来，这并不解决问题。

廖：哦。

曹：人民调解协议（经历了）从“没有明确的法律效力”到“具有民事合同效力”，再到“具有强制执行效力”这样一个过程，但是立法为什么不能明确规定人民调解协议具有法律效力，甚至具有同法院判决同等的效力呢？

廖：我认为不直接赋予人民调解协议强制执行力，主要有两个原因：第一是目前我们基层的人民调解员的整体素质不高，直接赋予调解协议强制执行力，国家担心会出问题。现在到村一级当调解员的农民很多，不少调解员可能只有小学文化。第二是跟仲裁、诉讼相比较，人民调解没有那么严格的程序，灵活性、任意性强，规范性不够。

曹：当然，您讲的这两个情况目前是比较突出，但我觉得司法确认不是解决问题的根本方法。人民调解作为解决社会矛盾纠纷的手段就应该赋予其相应的效力。人民调解具有三性，群众性、自治性、无偿性。从某种方面讲，它是依靠全社会的力量，即群众性，通过人民调解委员会这种自治性组织，通过人民调解员的无偿调解，使双方达到定纷止争（的目的）。应该说《人民调解法》的颁布，承认了人民调解工作的“三性”，它承认调解双方当事人的主体地位，承认调解过程、调解结果合法有效。既然《人民调解法》并不否认调解协议的法律效力，也就不需要进行司法确认了。而且，如果从方方面面对人民调解活动进行强调，增加一些像司法确认之类的保障制度，那么人民调解的群众性和自治性最终将难以实现。但一个乡镇大量的纠纷，单靠个别司法助理，单靠基层法院，肯定是解决不好的，更多的应该发挥人民群众的自治力量。我认为司法确认（制度）对于保障人民调解的自治性、群众性是一种损害，所以我认为这个司法确认还是要取消，我不赞成这个制度。为了让人民调解能具有同仲裁、诉讼等同等的法律效力，我认为也可以从两个方面来努力。一方面，还是前面说的，需要人力、财力都到位。另一方面是要加大培训，提高人民调解员的素质和水平，免除国家立法时的担心。我认为只要调解人员配置到位以后，调解培训规范化、调解程序规范化、调解协议的质量就能保障，到时通过司法确认来赋予（人民调解协议强制执行）效力就没有必要了。

廖：看来，您对这个问题的思考已非常深入了。

曹：实际上，调解经费到位、调解队伍组建起来后，经费该如何用，人员的管理、考核非常重要，这是第三个“章程”问题，是人民调解员的具体管理问题，这是基层司法局局长的责任所在。我们局里制定了一个严格的考评办法，即将考评结果和人民调解员的工作表现、工资福利挂钩起来。考核管理是非常严的。按照考核办法，我们将调解员评定按三类来进行评定考核，另一个方面就是经费管理问题。作为主管部门，我们县司法局要给每个司法所安排多少经费才合适？我们有比较合理的报账制度。有了经费保障，下面司法所的人干起来才更有劲。总之，机制管理非常重要，只要人员、经费、机制这三个问题解决了，基层司法行政部门就可以做得风生水起。

廖：刚才，您从宏观方面谈了对人民调解工作、人民调解制度的看法与意见，我深受启发。我知道您亲自调解了很多案子，调解经验非常丰富，所以接下来我想请您针对人民调解员的个人素质，纠纷个案的调解技巧、调解方法等相对微观的问题，谈谈您的心得体会。

曹：好的。作为一个基层司法调解员，我认为最重要的是要做到八个字：热血、忠诚、敬业、专业。为什么说热血呢？就是无论条件多艰难，待遇多低，遇到什么险阻，都要对调解工作有热爱之情。基层司法调解员绝对要正直热血，有正义感，把它作为自己的追求。忠诚，基层人民调解员要顾全大局、忠于当事人、忠于法律、忠于事实。人民调解和其他调解不同，行政调解比较重视政治效果，司法调解追求法律效果，人民调解则要追求政治、法律、社会三个效果的统一。敬业就是要热爱这份工作，像钉子一样兢兢业业地去做这个事情。专业，就要求人民调解员要学习法律法规和政策，同时还要学习人情世故、风俗习惯、方方面面的社会知识，只有不断地学习才能适应基层复杂多变的调解格局。

廖：这八个字是您对人民调解工作切身感受的提炼。那么，您在调解具体纠纷时通常会用到哪些方法与技巧呢？

曹：调解工作要做到政治效果、法律效果、社会效果三者统一。在具体调解过程中，第一个办法叫“让强势的一方占些便宜，让弱势的一方出口气”，这是调解工作中经常使用的方法，尽管这一观点从国家相关法律、政策以及公正来讲有失偏颇，但确实是解决基层纠纷的一个很有效的办法。比如说，两个人发生纠纷打架了，一方非常强势，而另外一方非常弱势，最后弱势一方受伤了，支出了医药费以及误工费，找强势方进行协商赔偿，强势的一方肯定不同意，最好的调解办法就是让强势的一方稍微占点便宜。虽然弱势的一方没有获得绝对的公平，但如能获得 80% 的补偿总比没有的好，而且心里还出了一口气。如果诉讼的话，除了花时间和精力外还不一定能拿到这么多的钱，这个办法在基层调解中效果特别好，并不是说我们基层调解人员不尊重法律，不讲究公平，而是由于中国是一个情、理、法合一体的社会和国家，很多的事单纯追求法律效果无法调解结案，这也是为什么很多的法院判决执行不了的原因。

第二个办法叫“背靠背做工作”。在正式调解之前，背靠背做工作，其关键在于调解员对双方掌握信息不对称的前提下，与一方做工作时，可以指出其错误之处，甚至夸大，使当事人对调解结果的期望值降到最低。当双方接近于共同的目标点时，就可以开始正式调解了。如果双方分歧很大，就尽量不要开始正式调解。

第三个办法就是用感情的办法去温暖人——“以情感人”。有些标的特别小的纠纷，双方只是为了一口气，跑到县里、市里，甚至省里和北京去上访。中国人有时候遇到纠纷不为别的，就是为了争一口气，跑去上访。遇到这种情况，就要使用亲情感化法，要特别对弱势一方强调，我是来替你解决纠纷的。甚至使用一些小手段，买点东西去看望当事人，对他说些好听的话，与他持续不断地坚持。我上次在渡口乡解决了一个纠纷，就是用这个办法。事情是这样的，由于双方的田地靠得很近，一方在除草过程中把草放到了另一方的田里，因此引发纠纷，多次打架，双方的医药费都有一千多。虽然先动手打人的一方没有道理，但另一方在没有中间人的情况下跑去向对方索要医药费，结果又引发口角，再次动手，导致纠纷越来越大。调解员进行调解，说了一些公道话，一方当事人竟然到网上发帖，说调解员是对方的保护伞，造成了非常不好的影响。县里的领导认为这是给安仁县的调解队伍抹黑，村里、乡里多次组织调解，都调解不成。当事人一方就跑去市里、省里上访。县领导就让我亲自去调，我就带着李局长和律师去了。到了渡口乡召集双方到场，说明了我们的来意，按“背靠背做工作”的方法一直与双方当事人做工作到晚上九点，还是没有效果。到了晚上十点钟，弱势的一方就跟我说“曹局长，我就是为了出一口气，你们为了我们的事，到现在还没有吃晚饭，我都不好意思了。算了算了，我同意你们的意见”。最后是乡民政拿出300块钱作为弱势的一方补贴给强势的一方。最后才成功地化解纠纷，这实际是一个感情的感化过程，是坚持来的结果。

第四个办法是“偷梁换柱”。比如说双方当事人涉及纠纷赔偿问题，理亏的一方虽然承认自己有错，但死活不同意出钱，而理强的一方坚持必须要赔偿。遇到这种情况，我们在调解中一般用到“偷梁换柱”的办法，即由乡里、村里的财政支付，但以理亏者的名义进行赔付。如果不这样，一旦发生更大的纠纷就更难解决了。这个办法在基层是经常使用的，当事人签字赔钱后，解决了纠纷，也不会对外宣称是乡政府赔的钱，反正就是为了尽量做到“案结事了人和”。而法院在判决的时候是不可能使用到这么多办法的，法院的办法就是以法律条文为准，面对面在法庭上对质，找法律依据，说出各自的理由。这些都是在多年的实践中摸索出来的经验，是书本上学不到的。

第五个办法是“不论是非，一个箩筐装”。不论过程、不论是非，往一个箩筐里装，其实就是糊涂处理法。有的纠纷可能会涉及一次纠纷、二次纠纷、三次纠纷，双方当事人都有过错，所以处理难度非常大。并且因为双方经过了几次纠纷，矛盾很深，调解员想把每个纠纷都调解好，每件事都处理好，难度也很大。所以我们经常使用的方法是，不管黑猫白猫，不管谁对谁错，最后只抓住关键的一点，若是一方接受你的方案，所有的过程和纠纷就都不再提。比如我们两人发生纠纷，无论我多么没有道理，你多么有理，但最终是我的脚受伤残疾了，无法工作，而你最终却是完好无损的。我们就会向一方做工作说：“虽然你也有损失，但别人毕竟影响到了行动能力，而你的生活没有任何影响，你就当是花钱买平安。不然他整天来缠着你，不停的有乡干部来找你做工作，会严重影响你的正常生活。所以也不要管谁对谁错，不管他的伤是不是你造成的，就当是花钱消灾。”这个方法的难度非常大，基本上靠耗时间。

廖：调解的方法与法院诉讼确实有很大的不同。

曹：是的。人民调解不仅要考虑法律效果，还要考虑社会效果和政治效果。有时调解过程看起来不一定完全合法，但（其整体效果）合理，合乎人情世故。我在调解过程中总结的方法，大致就是这么几个。当然，还有其他说法，更多的是因人因事灵活机动。

廖：耽误了您不少的时间，谢谢您给我们上了一堂非常生动的人民调解理论课！我们期待下次有机会再听曹局长给我们传授宝贵的调解经验，谢谢！

曹：不客气，不客气。

提供台阶　照顾面子

——调解能手匡美强访谈录

匡美强，先后任桂阳监狱教育科科长，郴州市司法局基层工作科科长、监狱劳教科科长、社区矫正科科长等职。

访 谈 人： 廖永安，湘潭大学法学院教授

被访谈人： 匡美强，郴州市司法局基层工作科科长

时　　间： 2012 年 7 月 24 日

地　　点： 郴州市司法局

廖永安（后文简称“廖”）：匡科长，您好！您在郴州市司法局基层科科长岗位上干了七年，对基层的情况非常了解，见证过许多矛盾纠纷的调处化解。今天，我们想请您给我们谈谈人民调解的经验与技巧，谈谈您对调解工作的意见与感受。

匡美强（后文简称“匡”）：谈不上什么经验与技巧。你们在我们郴州已经访谈了不少的调解能手，他们都是我们郴州市最有水平、最有经验的人民调解

员。我在这里，主要是想说说中国人的面子问题。我觉得，在调解过程中要非常重视当事人的一个面子问题。当事人的面子观念在调解中体现得非常明显。很多案子，能否调解成功，都涉及对当事人面子问题的合理考虑。

廖：对，不少人民调解员都提到了一个面子问题。

匡：在我们郴州，老百姓的面子观念一般都比较强。其实很多大的矛盾纠纷起初都是因一些细枝末节鸡毛蒜皮的小事引起的，其中面子问题往往就起到了推波助澜的作用。人们常说，人活一张脸，树活一张皮。有的当事人为了面子得理不饶人，有的为了争面子可以放弃一些实际利益。比如在人身伤害纠纷中，我们这里很多农村就有“挂红”的说法，受害一方往往不是硬要对方当事人赔多少多少钱，而是要求对方在赔付基本医药费的基础上，上门打封鞭炮“挂红”赔礼道歉，然后一起坐下来喝餐酒，问题就解决了，就算争回面子了。而对方当事人却往往宁愿多出点钱也不愿意给受害方“挂红”，觉得这样做很失面子。在这种情况下，如果不协调好，双方硬顶着，就容易使纠纷进一步激化。

在人民调解工作中，面对当事人强烈的面子观念，调解员如何让当事人做出让步？实际上，即使在农村非常贫穷的地方，当事人往往不是因为缺那一点点钱才闹意见，（他们）关键是觉得受了气，咽不下那口气，所以要出一口气，不出这口气，以后在乡邻面前就抬不起头来。至于如何出这口气，就是要争回这个面子。这个面子，（如果当事人双方）说得好吧，经常是一杯酒喝下去就可以搞定。但（如果）说得不好吧，怎么着也不行。当然，当事人心里也明白，爱面子不利于事情的解决。有时候，事情拖下去调解不了，当事人心里也很烦躁。况且，一般的矛盾纠纷，双方都是乡亲邻居，抬头不见低头见，他也不想弄成这样。但就是因为这个面子，他始终咽不下这口气，就算是“活受罪”也要硬撑着。认为自己家族比对方强大的当事人，一般不会轻易让步；而相对弱势的一方当事人，也不会轻易让步。他们都认为，让步就（显示）是自己怕了对方的表现，于是两方当事人互相顶着。这种情况类似于两个人挑着担子走独木桥的故事，你不让我也不让，最后就僵在那里了。

这个时候，我们调解员的介入可以帮助双方当事人做好沟通，保全双方的面子，缓解矛盾，化解纠纷。比如说，经常听到一方当事人这样对我说，所长，我请您喝几杯酒，您喝不喝？您喝了，我听您的。听到这些话，我就知道，这个（当事）人此时内心已经松动了，他准备让步了。其实案子拖久了，谁都会很烦这个事。但矛盾刚刚爆发时，当事人双方往往都比较冲动，态度也都会强硬一些，说一些过激的话什么的。后来，经过我们的一些沟通交流，过一段时间，他们慢慢就会冷静下来了，他们自己也会开始好好想一下这个事情。这时候，有的（当事人）内心可能已经想让步了，但因为他们原来一般是当着很多人的面，说了很多狠话，所以他就感觉，现在如果轻意就让步了，会很没有面子，会被街坊邻居们取笑。因为没有一个合适的台阶下，当事人虽然心里想让步，但表面上表现得还是有点强硬，坚持不让步。像这种情况，你做调解员的就要学会观察，把握住他的这个心理变化，利用好这个时机来做工作。像前面我说的，要是他跟你喝酒时，说了那样的话，你就要晓得，他这个时候心里面已经软下来了。这时，你要是喝了他敬的酒，就是在给他一个台阶下，就是给了他面子。实际上，他也想告诉你他内心真实的想法，他也很想给自己找个台阶下，把这个事解决了。但是碍于面子，他这些心里话不会直接对你说出来，需要有经验的调解员自己去领会。等你喝了他敬的酒，他就会觉得你是自己人，你是支持他、理解他，站在他那边的。等他有了这个心理，你再跟他好好交流交流，讲讲那些“和气生财”“大家乡里乡亲的”“你大人有大量”之类的大道理，他这方面一般就容易让步了。所以，我感觉，当事人有些时候不愿意退让，并不都是要多争一点利，多要几百块钱，往往是要争赢一口气、一个面子。现在，你喝了他敬的酒，跟他说了软话，他就觉得这个事自己可以自然地退让一点了。以后，（当事人）周围的亲朋好友要是再问他，那个事情你怎么那样容易就让步了呀？他就会理直气壮地回答说，我是给做调解工作的领导面子，是给某某所长面子，你以为我是怕了某某。这样的话，我们在调解案子时经常可以听到。其实，这个面子观念虽然没有正式进入人民调解的教材，没有被提上正式台面，但是它在我们的调解工作中实实在在地存在着并发生作用。

廖：中国人的面子观念确实是一个很意思的事情。实际上，一些研究中国传统文化的著作，专门会讲到这个面子观念的问题。匡科，您说得非常对，我也认为如何利用好面子观念，在调解过程中打破僵局，破解难题，是很值得探讨的问题。

匡：我认为面子观念是打破僵局的一个十分重要的方法、一个突破口。在矛盾纠纷陷入僵局时，当事人很多时候就需要一个台阶下。我们做调解工作的，就要想办法给足他面子。给足（当事人）面子，就是给了他一个很好的台阶下。我们的俗话说，死要面子活受罪。（在当事人）感觉没有面子时，在（他）没有找到合适的台阶下之前，即使（他）内心也希望早点解决（这个矛盾），但就是要硬撑着、活受罪，这个是我们中国特有的现象。太好面子，我也认为不是一个好事情，但像我们这边，这种心理普遍存在。所以，我们做调解工作的，不能回避这个问题。廖教授，像您是大学教授，您的理论水平非常强。我觉得，你们做理论研究时，不能忽视这个问题，要针对当事人的心理进行研究。其实，像我们调解完一起纠纷，经常会自己想一想：这样一种处理（结果），它于情于理于法到底合不合适？实际上，这里的“情”和“理”，也包含着对当事人面子问题的一种考虑。在情、理、法三者之中，关于法律，我们认为它一方面是一条警戒线，另一方面相当于一条高压线。我们的调解应该在警戒线与高压线之间来协调，但是不能突破警戒线和超越高压线的。只要不突破这两条线，在这两条之间，我们就可以在“情”和“理”上来下功夫。按我的理解，为当事人顾及面子，找个台阶给他下，就体现了在遵守“法”的前提下，将“情”与“理”融合起来。我们很多矛盾的成功化解，调解员都考虑到了当事人的面子问题。要如何给足当事人面子，让他有个合适的台阶下，这个问题在我们这里（的调解工作中）显得非常重要。

廖：是的，面子观念在我国的农村地区尤其突出。

匡：对，因为我们的人民调解工作，主要就是在农村地区，所以这个问题就显得特别重要。当事人面子问题解决好了，一般就很有利于案件的调解。但是，在一些案件的履行问题上，又不能太顾及当事人的面子观念。特别是有关赔偿方面的案子，有时是很难履行的，这个时候就需要加一点行政方面的强制力，而不能太考虑当事人的面子问题。这个时候光考虑当事人的面子，有些案子就没法履行了。比如说，一个涉及人身损害赔偿方面的纠纷，如果赔偿款只有几千块钱，一般我们调解员把面子问题解决好了，一般很容易就能履行到位。但是赔偿额上了几万甚至几十万（元），以我们多年的经验来看，没有哪个赔偿的人会痛痛快快拿出钱来。除非他真的很有钱，这个另当别论了。举个例子来说，前段时间，我参与了一个赔偿款非常大的案件的调解。不过，在这个案子里，我不是以正式的人民调解员的身份出现的。具体是这样的，我有一个朋友，他的一个亲戚给人在盖房子。出事的那天，下了点雨，地有点滑，他这个亲戚中午又喝了两瓶啤酒，所以在盖房子的时候从（没有建好的房子）上面摔下来了，摔成了植物人，在郴州市人民医院住院。当时人一送进医院，医院就下了病危通知书，说这个人已经没得救了，大脑已经死亡了，随时都可能有生命危险。在这种情况下，有关人员都是到处找关系，希望通过帮助谈妥此事的赔偿问题。我这个朋友于是就把我叫过去了。当时村里面分管政法工作的书记和分管维稳、综治工作的有关领导，还有司法所所长都去参加了调解。最后的调解结果是，一次性赔偿伤者 24

万多元，由房主和包工头两个人平摊。结果，房主付了赔偿款，包工头没有付。但是包工头不给钱，当事人肯定会吵，会到政府去闹。因此，怎样才能让包工头掏出钱来呢？这个时候就不能考虑包工头太多的面子问题了。我们做了很多工作，最后没办法，只有叫公安派出所来配合解决。最后由派出所出面叫包工头去谈话，并通知他的家属交赔偿款。结果包工头一看自己进了公安派出所，又被警告说，如果不赔钱，就会对他采取措施了。于是，那天晚上他老婆立刻就凑足了赔偿款项，交给了伤者家属。所以说，在这种情况下，想要调解协议履行到位，没有一点强制力，根本解决不了问题。所以我们的人民调解工作肯定要各个方面的配合，当然当时把派出所拉出来搞这件事情，于法于理来说，都不是非常的合适，但是这是没有办法的办法。

廖：在人民调解现在的实践中，是有个问题，它多少需要打点法律的擦边球。

匡：对啊，经常就是要打法律的擦边球啊。

廖：不过，像您刚才说的这个赔偿案子，如果包工头确实是没有钱，政府就是把他抓起来，他也交不出钱来呀。

匡：那是的。不过，事实上并没有抓他呀，只是说叫他来派出所谈谈话，这样可以起到一定的威慑作用，有助于伤者顺利地拿到赔偿款。有时候，在调解过程中，法律的擦边球是不得已必须要运用的。有时实在没办法了，就必须要使用一些这样的办法，但是使用这种办法要特别注意分寸，不能产生新的纠纷与矛盾。有时候，我们如果不采取一些这样的措施的话，要赔钱的一方就根本不买账。他不买帐，不赔钱，受伤的一方就会到政府去闹，甚至会直接围攻另一方当事人的家人，造成更为严重的纠纷，产生很不好的影响。

廖：我还想了解个问题，也是你们嘉禾的一种调解经验，就是政府购买法律服务方面的问题。上次我过来调研时，在座谈会上听到你们有一个关于政府购买律师事务所的法律服务的构想。听说，你们有很多案件、很多纠纷，是被一些律师人为地搞复杂化了。说是一个案子原本没有那么复杂，律师却因为自己的利益，把它变复杂了。因为现在很多律师接手的诉讼代理都是一种风险代理，特别是赔偿款问题，都是按风险代理的方式来委托的。这个风险代理，就是说律师接手一个案子，律师费是按这个案子最后赔偿多少，律师就拿多少比例来算的，所以，律师办案子往往是逢利必争，很难退让，他的利益和当事人的利益已经融合在一起了，所以你们嘉禾方面有通过政府来购买律师的法律服务方面的想法。

匡：这个确实是有的。上个星期在郴州市里面，我们政府这边就举行了一个聘请法律顾问方面的仪式。在这个仪式上，市政府聘请了八名律师并且颁发了聘书。这些律师在处理一些案件方面，还是起到了很大的作用。特别是有些案件，一方当事人是政府，另一方当事人是普通老百姓。如果老百姓跟政府发生了冲突的话，政府再来请政府部门的人来解决这个问题，就不好解决。而现在，往往这方面的纠纷又比较多。特别像房屋拆迁这些问题，老百姓跟政府的矛盾比较深，意见比较大。遇到这种矛盾，通过律师，而不是政府部门的人来处理，效果就是不一样。律师他们很专业，会告诉老百姓怎样去解决，这样解决的法律后果是什么。如果你不这样来解决，他也会跟你展望一下，你这个案子会发展到什么程度，到那种程度你会承担什么后果。而且，他会明确告诉你，如果你不相信他，你也可以去咨询一下别的律师。当事人一般也确实会问别的律师，结果往往别的律师跟前一个律师说的基本都一样，这样当事人就会相信，就会听那个律师的建议。也就是说，律师只要将这个案子的利害关系给当事人分析清楚之后，他一般会充分相信律师。

廖：然而，由政府聘请的法律顾问，被聘请的这些律师会不会被认为只是政府利益的代言人呢。

匡：当事人可能也有些这样的想法，所以政府聘请的律师也要比较公正才能解决好问题。很多律师还是非常愿意为政府出力的。现在政府正式聘请他的话，他工作积极性就更高了。实际上，律师积极性高不高，也是我们化解社会矛盾的关键所在。如果律师积极性高，他把政府方面发生的矛盾纠纷当作自己的案子来做，他就会积极想办法，就处理得很好。而律师一般在处理政府与老百姓之间的矛盾的时候，还是会保持较为中立的位置。毕竟，律师他来解决这个问题，要把这个问题解决好、解决得双方都基本满意，他在社会上才会有名声，才会在政府、在老百姓两边都有地位。如果他只顾着帮政府一边说话，就只会激化矛盾，这样其实无利于纠纷的解决。所以，律师通过他们的专业知识和他们办案子的经验，也来想办法把这个问题解决好，让政府更信任他，让老百姓信任他。当然，中国的老百姓，很多还是很相信政府的。当地政府越信任一个律师，他在老百姓中的名气就越大，公信度就越高，那他以后的业务量就大了。很多老百姓都会认为，你看，连政府都请他了，那他肯定很厉害也很正直。这可比评个“十佳律师”名头更响啊。

廖：你们郴州市政府聘请的法律顾问，在本地知名度都会很高？

匡：是的啊，得到政府的肯定会更有权威，声誉更高嘛。

廖：湖南省委省政府也搞了一个法律顾问团嘛。这个顾问团的成员也都是精挑细选出来的，我想你们聘请的这几个顾问也一样是精挑细选出来的吧。

匡：那肯定啊，我们市聘请的八个（法律顾问）里面，高级律师好像就有四个吧。这几个律师都有能力担起政府法律顾问的重担，也担得起这份荣誉。

廖：关于政府出面聘请的法律顾问，据我了解的情况，很多地方只是给这些律师、法律专家一个“政府法律顾问”的荣誉头衔，并不给予实质性的报酬。不知道你们郴州市具体是怎么操作的？

匡：对于政府正式聘请法律顾问团，我们郴州是今年才开始搞的。不过从前年开始，市里面实质上已经在找一些有影响的律师协助处理一些纠纷了。不过，当时这些律师的顾问身份并不明确，他们帮政府做的事基本上多是义务性质的。现在正式发了聘书，市财政就会给他们一些劳务费，不过可能并不高。话又说回来，这些顾问其实也不会在乎政府的这点钱。他们都是社会上有影响的律师，他更在乎的是他社会上的名誉和声望。给政府当法律顾问，对他们来说就是个身份问题。像这些律师，如果当了政府法律顾问的话，都会在名片上打上“政府法律顾问”的头衔，而且还会将这个身份摆在第一位，摆在他的第一个头衔上。“政府法律顾问”，一看就不得了啊！

当然，我们这里聘请的法律顾问，并不是要他们代表政府去打官司，而是如果政府与老百姓之间出现了不容易化解的矛盾纠纷，要他们运用他们丰富的专业知识与多年的办案经验，来为政府处理好官民矛盾想办法，同时他们也要把好法律的关，使政府对这些问题的处理合情合理、合法有效。

廖：据我了解，你们市政府请一些社会上的专职律师参加到人民调解工作中来，实际上应该已经搞了一年多时间了吧？

匡：是的，已经一年多、快两年时间了。

廖：那您感觉，通过这一年多时间的具体实践，这些律师们有没有发挥出什么实质性的作用呢？

匡：那当然是有的。这些律师他们确实在涉诉信访案件方面做了一些工作，并取得了一些成效。像我们这里，前年市里面交办给我们市司法局 29 个棘手的案件。我们局就把这 29 个案子，先分到几位局领导名下，由他们直接挂名、负责督办，然后再把这 29 个案子分给几家律师事务所来具体处理。这几家律师事务所依据他们接手的案子，来对挂名督办的局领导负责。而负责督办的局领导，要对律师事务所的处理方案进行最后的把关。

廖：我听说，那些律师事务所给你们局处理这些案子，好像都是免费的。

匡：是免费的。实际上，他们当时不仅没收钱，有的律师为了帮司法局解决好案子，还自己出了几万块钱。当时，那些律师要去调查取证，要做工作什么的，都是他们自己开车到处跑，自己掏钱吃饭住宿。就是考虑到这个情况，再加上这些律师确实能为政府解决一些问题，所以今年市里才决定聘请这个律师顾问团，正式给他们一点钱。钱虽然不多，但起码不让他们贴钱。对于这个律师顾问团的运转问题，市里面的指导思想是“政府不给额外的劳务费，但也不让律师们贴钱办事”，也就是只要他们出力，不要他们出钱。

廖：我觉得将来这会是一个很好的模式，由政府出面购买法律服务。严格地说，也不能叫作“购买”，实际上你并没有给别人钱，没有给报酬。在某种意义上讲，这就是让律师事务所为政府做点公益方面的事情，而政府也为你扩大一下影响，创造一些机会。

匡：律师帮政府处理好问题，政府也感受到了律师的重要性，因为律师们处理的很多问题，像上次市政府交办的那 29 个案件，件件都是让人非常头疼的案件。

廖：如果律师们运用他们的智慧，把这 29 件令人头疼的案件全解决了，那么回过头来，政府又能给律师事务所带来什么样的具体的好处呢？

匡：目前，我们的法律顾问团才刚刚成立，政府没有给他们多少钱，别的方面也还不能见到直接的效应，所以现在还只能说，做政府的法律顾问给律师们带来的主要是一个荣誉（的提升）。实际上，政府需要鼓励律师对社会多奉献。要鼓励他们多奉献，不能停留在喊喊口号上，而是政府要有具体的引导激励机制。我认为，政府出面购买法律服务，政府聘请法律顾问，就是我们采取的具体的引导机制。就激励机制而言，我们现在采取的主要是精神激励的机制。当然，完全没有物质上的激励，律师事务所他完全可以不听你的。毕竟，开一个律师事务所，归根结底还是要赚钱，为了过得更好啊，所以，完全不讲物质奖励是不行的。但怎样奖励才好，这需要我们进一步实践。不过，从律师事务所为我们市政府提供法律服务的这一年多时间来看，我感觉很多律师是有这份公德心的。另一方面，他们也使政府切实感受到了，充分利用律师事务所的力量来解决纠纷的好处。你像前几年，在郴州发生了一起火车脱轨事件，当时就是我们司法局里去调解的。局里请了几个律师过去，全程跟踪做群众工作，提供法律咨询服务。这几个律师从头到尾参加了这起案子的谈判，纠纷解决得非常好也非常快。因为在这种情况下，所有相关的群众都会去问他们，这个事情该怎么解决？这些群众不懂法、不了解政策，所以律师们根据法律条文给他们作出解答，帮助当事人分析政策、计算赔偿款，让他们容易信服。

廖：匡科长，通过您的介绍，我感觉郴州的人民调解这一块确实有很多创新，有很多特色。哎呀，时间过得真快！我看到您还有很多事情要忙，我们就不多打扰了。辛苦您了，谢谢啊！

以理服人　以情感人

——调解能手曾建员访谈录

曾建员，1992年毕业于郴州农校经作专业，1992年7月在苏仙区白露塘镇政府工作，1994年5月在北湖区南溪乡政府工作，1996年11月到北湖区保和乡政府工作，2011年5月到北湖区郴江镇政府工作，先后当过计生专干、司法所所长，至今从事调解工作13年。

访 谈 人：邓春梅，湘潭大学法学院副教授
被访谈人：曾建员，郴州市北湖区郴江镇司法所所长
时　　间：2012年7月27日上午
地　　点：北湖区郴江镇司法所

邓春梅（后文简称“邓”）：曾所长，您好！我们这次来郴州做这个人民调解能手的访谈活动，匡美强科长特意向我推荐了您。我们想对您做一个访谈，请您谈谈您对人民调解工作的一些看法，包括您的调解经验与技巧，您对目前我国人民调解工作的现状、存在的一些困惑和问题等方面的看法。我听说，您从事人民调解工作已经有很多年头。

曾建员所长（后文简称“曾”）：是的，我从事调解工作已经有十多年了。

邓： 十多年了？那您的调解经验肯定很丰富了。希望您将您十多年工作中的一些经验、技巧和方法，先跟我们介绍一下。

曾： 谈不上经验、技巧，就是我的一些感受。我们调解一个纠纷，一般要具备两个基本的条件。首先，要有一定的法律知识水平，因为现在村民的法律意识普遍提高了，司法所调解员要是没有一定的法律知识，讲的是一些外行话，别人就不会认同你。其次，就是要做到“五心”，第一是要公正，要有一颗公正的心，你处事不公正，老百姓不会服。第二就是要用真心，必须要真心对待当事人以及案件。第三就是要细心。第四是要有耐心。有些纠纷不是一天就能处理好的，城里有些老的纠纷，十多年了都没有处理好，所以要有耐心。没有耐心，搞一下就算了，肯定是搞不好的。第五是要有决心。对于一些难度比较大的纠纷，不能一感觉这个有难度，就放弃了。要干好人民调解这个工作，没有决心是不行的。这是我总结的干好人民调解起码的两个基本条件：第一个就是要有基本的法律水平，第二个就是要有“五心”。只有具备了这两个方面的基本素质，才能把纠纷解决好。

邓： 您刚才说的“要细心”，在调解过程中具体该怎么做？

曾： “要细心”，就是处理事情不能马虎，每个细节都不能放过。对这个纠纷的来龙去脉一定要搞清楚，不能放过细节。有些细节你不去注意，就会影响整个纠纷的调解。像我调解一个案子，当时就会自己在心里面想，发生这个事情到底是为什么，纠纷是怎么发生的，当事人当时是出于一个什么目的。这些东西都要细心地去想，不能放过某一个细节。

邓： 曾所长，您总结得很精辟！有了这两个方面的基本素质后，具体调解一件案子该如何着手呢？

曾： 在具体调解纠纷的过程中，我觉得先要有一个总的思路、清晰的思路。要形成一个总的思路，我个人认为，第一个要掌握情况，所以对待纠纷，要认真调查清楚。要了解清楚，就要学会仔细地听。先认真听当事人怎么说，搞清楚他的诉求是什么。搞清楚双方当事人跟你反应的情况后，再从旁人那里了解情况，听别人对这个纠纷是怎么评价的。因为有些当事人在跟你反映情况的时候，不一定是把他的真实情况反映出来，你必须从旁人的调查中掌握他的真实情况。所以，当你既听了当事人的陈述，又听了旁人的介绍，就要把这些情况对比一下，看看从旁人那里调查的情况跟当事人讲的情况是不是一致，有没有出入。第二个就是要耐心地劝导，耐心地给当事人做工作，给他解释清楚相关的政策与法律。第三个就是处理纠纷要及时。发生了矛盾纠纷，如果处理得及时，往往就能很快化解；不及时，就可能会引发出新的问题与矛盾。

邓：那您在具体调解纠纷的时候，会用到哪些方面的技巧与方法呢？

曾：关于人民调解的方法和技巧，我个人总结出了六个方面：第一个，在调解纠纷的时候，一定要营造出比较好的调解氛围。比方说，今天你召集当事人过来了，你首先可以跟他拉拉家常，了解一下他的家庭情况、生活情况、工作情况，看他有没有什么其他方面的困难。我感觉，在调解之前拉一下家常，有利于下一步的沟通，有利于调解员与当事人之间快速建立起一种亲近感，让他对你产生一种信任感。一旦当事人信任你了，整个调解氛围应该就比较和谐了。第二个方面，在当事人人数众多的情况下，比如说我们在调解纠纷时，可能当事人的一些亲戚朋友也来了。在他的这些亲戚朋友身上，也包括案子的当事人（身上），可能会出现一些不讲理、不讲法，或者无理取闹的行为。在这种情况下，一定要抓住那个闹得最凶的人，把他单独请到一边，针对他来重点做工作。而且，碰到这种情况，要机动灵活、果断处理。你可以跟他说，你这种行为是在扰乱秩序，你是故意要把纠纷扩大，你再这样不讲理，我们就没法跟你好好调解这个案子了，导致不良后果是要负责的。总之，在当事人比较多、矛盾纠纷比较复杂的情况下，往往会有一些不讲理的人出来闹。针对这种人，你必须要在其中抓出一个典型。只有让他冷静下来，你才可以稳得住阵脚，往后的调解才有办法进行。有时，到了万不得已的情况下，也可以借助派出所的警力。当然，对于司法所来讲，只有在他们无理取闹、我们无法控制的情形下，才能借助派出所的力量。第四个方面，要用情感人，用理来服人，最后将这个情、理与法律相结合。第五个方面，调解过程中，要好好借助一些老同志、老党员、威信比较高的人的力量来化解矛盾纠纷。第六个方面，遇到一些特殊的情况，可以采取冷处理的调解办法。比如说，如果当事人双方碰面时争吵得比较激烈，我们就等他们争吵完。等他们吵完了，冷静了一定的时间，我们再来进行调解。

邓：如果不去管他们，当事人双方越吵越凶，甚至打起来了，怎么办？

曾：调解开始的一段时间，让他们各发表各的意见。当事人发表意见，免不了会有争吵。不过，一般情况在调解室是打不起来的。我们调解庭是将当事人双方隔开的，他们是分开来坐在两边的，中间是参加调解的工作人员。要是当事人发生争吵，就让他们争吵完，只是让他们发泄发泄情绪，让他们用一些激烈的语言把心里的不满全表达出来。如果当事人正在气头上，这个时候就算想说，也是说服不了，他的情绪没有控制住就没有用。忍他半个小时、一个小时，让他说完。如果他情绪太激动，你觉得这个事情今天之内是调解不了的话，就跟他讲些道理，把法律讲清楚，然后再约个时间处理，让他回去自己思考思考，想好了下次再来。这就是采取冷处理的方法。遇到这种情况，你急是急不来的。在调解纠纷的过程中，一般调解员普遍采用的方法，往往是先把双方分开来谈，因为有些话，当着双方的面不好讲，有些话讲了对当事人一方有利，对当事人另一方没有利。像这种情况就要把当事人双方分开来讲。先把当事人双方分开来，我们单独跟其中一方进行交流，等到发现双方当事人大概形成了某些共同点的时候，再把双方喊起来坐到一起交流，这种方法很多时候确实比较管用。不过，在有些情况下，一开始就把双方当事人放在一起谈，然后再分开谈，也是可以的。这个要看具体情况。有时候当事人双方发生纠纷后，一直没有正面碰上，像这种情况，就可以让他们先碰个面。

邓：曾所长，像你们的调解工作，大概的流程是什么样的？

曾：开始我也讲了一下，我们的调解工作，先是调查，包括向当事人了解情况，还包括跟旁人了解（情况）。当然，在调查之前，最开始还有一个申请（环节）。按道理来说，应该是先有当事人的申请，他向我们司法所申请调处，我们再开始调查。不过，往往这个申请都是后补的。有些时候，我们一发现哪里有纠纷，就及时赶过去了。像我们司法所里，大多数的情况是我们自己先主动介入，当事人双方愿意调解的，到时再补个申请，所以这个申请往往是后来补的，是我们在整理案卷的时候再将申请补进去。另外，有些人虽然是自己上门来找我们要求调解的，但他们一般没有写好申请。当然，即使他们没有写好申请，只要他们找到我们，我们还是要给他们处理的。然后，就是调解，在这个过程中，最重要的是，当你看到双方有了和解的意愿，并表明了一些共同的想法时，你就把你的想法以及事先考虑好的调解方案告诉当事人。如果当事人同意，就让他们签订一个书面的协议书。协议书签了后就是兑现环节。有些协议可以当场兑现，有些不一定可以当场兑现。对于不能当场兑现的，我们就写个具体的兑现时间，要求当事人在一定的时间内履行。在一定的时间内履行，就要担心当事人反悔的问题，所以你必须对履行情况及时去回访，尽可能地避免当事人反悔。

邓：你们这里调解协议的履行情况怎么样？

曾：我们这边都是百分百的履行。

邓：那当场就履行的比例大概是多少呢？

曾：我们这边当场履行的情况占大多数，起码占 80% ~90%。不过，有些金额比较大的协议，一般较难当场履行完。

邓：曾所长，听说您原来学的专业跟人民调解工作好像没有多大的关系？

曾：是的，我是郴州农校毕业的。

邓：哦，那您从事调解工作后，参加过这个方面的培训吗？

曾：经常参加，市、区司法局对乡、村人民调解员有针对性的培训。对乡镇司法所的培训，一般是两天或者三天，把我们这些调解员集中起来统一组织学习，就这样一个培训机制。如果不搞集中培训，光靠我们个人自学的话，那在工作比较忙的时候，往往就会把那本书丢在那里，等到调解纠纷必须要用到某些知识的时候，可能才会再去翻。所以，能够集中起来学习的话，通过老师几天的讲解之后，学习效果就会好一些。老师一般结合一些案例来讲课，这比自己独自看书会要容易记住一些。

邓：在您调解纠纷的过程中，接触最多的是什么类型的案子？您觉得哪一类纠纷最难处理呢？

曾：现在我们办理得最多的是拆迁方面的案子，最难调解的也是老百姓安置房的问题。举个例子来说，我原来在保和（乡）办过一个拆迁的案子，因为厦永高速公路要经过我们保和（乡），所以其中有七户人家要搬迁。这七户人家原来是太白洞村一组的，1997 年因为山体滑坡，他们从太白洞村搬迁到我们保和乡保和村安了家。他们的生活才安顿下来，稍微有点起色，现在又要修高速公路，又要来征拆他们的房子，他们就很不愿意。所以，要做通他们的工作，就非常困难。一方面，他们是担心要搬到更偏僻的地方去；另一方面，因为没有那么大的地方，他们七户人家很难安置在一起。刚把他们从一个地方搬过来又要搬，而且还不能安置在一起，他们自然不乐意。我们也理解他们的难处，但这个是国家重点项目，必须得舍小家顾大家。2009 年 7 月，区里、乡里、所里都来做工作，派出所也派了很多人维稳，但也没有做通这 7 户人家的工作。一要强拆，他们就要跳楼，又哭又闹的，怎么都劝不下来。后来，乡里面提出给他们找一个安置地，保证 7 户人家都安置在一起，而且交通也比较方便。乡里找了很久，一直没找到合适的地方。我后来发现了一个地方，就是保和乡新华村七组，那里的交通比较方便，也还可以安得下七户村民。我把这个地方报告给乡里，乡里同意了，但是新华村七组有几个村民不同意。当时我就给领导提了个建议，讲是不是在合法的情况下建议适当提高地价。我认为，也许把地的价格给高一点，村民就会同意了。我发现的那块地是个荒坪，按照当时征地的价格，荒坪只有 8000 块钱一亩。按照当时的国家政策，田是三万多，土是一万多，荒坪是八千多。我们想按照征田的价格收那个荒坪，但是这个钱谁来出呢？考虑到承包这一段路的老板肯定赚钱，有些甚至赚几千万的都有，我就向乡里提议，让承包商来出个几万块钱，来解决问题是比较合理的。但是承包商老板不愿意出，后来还是政府做工作，最终让那个老板来出这个钱。最后的解决方案是，政府征地部分还是按8000元的荒地征，不足的23000元由承包商来补足。对于这个征拆案子，开始我是抱着试试看的心态来做的。你想，荒坪和良田相差两万多块钱。当时这两万多块钱，乡里出不起，就只有让承包商拿出一小部分利润来补偿给老百姓。

邓：像这样的征拆案子，往往涉及很多方面的当事人。

曾：是的。在我印象中，还有一个案子也费了一些周折。这是1991年7月保和乡的一起车祸纠纷，车主是廖华雄，他开一台手扶拖拉机，装了些西瓜去城里卖。他村里有个叫李连生的村民，就搭他的车去城里办点事。回家的途中在华塘至郴嘉铁路交界处，出车祸了。拖拉机侧翻了，把李连生压死了。这起事故是由原来郴县农机局和保和乡政府共同处理的，处理结果是让车主赔偿死者家属4500元钱。但开拖拉机的这个人没有什么钱。处理过程中，车主廖华雄当时只赔了400多块钱。因为钱不够，要去借钱，因为借不到钱，廖华雄在借钱的过程中就跑掉了，这一跑就是十八年。他家里只有父亲一人在家，母亲多年前就去世了。

邓：这个廖华雄还没有结婚？

曾：是的，当时没有结婚。他父亲是一个老党员、老支部书记，但也没有钱。后来，廖华雄跑到云南、广西去了，在边界那边打工的时候，讨了个越南的老婆，直到2008年4月才回来。我是1996年来保和的，发生纠纷的时候我还没到保和工作。

邓：当时说让他赔的4500元钱，他并没有赔？

曾：是的，他只拿出了400块钱。这个司机确实是没钱，他出去借又没借到钱。既然拿不出钱，干脆逃掉了。家里只剩下年迈的父亲一人在家，身体不好，自己生活都有困难，也没办法赔这笔钱。直到2008年4月份廖华雄才回来了，他这一走就是17年。死者家属晓得他回来了，马上就跑到他家里去要赔偿金。他是本金没有还，又拖了17年时间。当时的4000多元，现在还连本带利息一起一万五千多块钱。之前死者家属已向法院起诉，因为没有钱，法院也无法执行。而廖华雄在云南、广西打工也没有赚到钱，他其实是在外面实在无法生存了才回来的。死者家属来找他，他不但没有钱还给死者家属，还说是死者害了他，他是被逼才出走17年的，要钱没有要命一条。死者的家属到乡政府把这个情况告诉我，之前村支部书记、村主任也去做了工作，但都没效果。实际上，我也很同情他，他也确实困难。那个死者李连生当时搭他的车进城，他也完全是出于一番好意，谁知道后来发生了车祸。他也没有收死者一分钱的车费，纯粹是乡里邻居好心帮个忙的事，谁知道后来发生了人命。由于我是1996年才来保和工作的，这个人我是不认识的。但我认识他的父亲，他父亲是个老支部书记。廖华雄逃出去的那些年，每年政府给的养老金和春节的两百元红包，还有每年建军节的一百元补贴，都是我在过春节走访的时候送到老支书家中。

邓：哦，廖华雄还没回来的时候，你也是每年过年就到他父亲家里去走访。

曾：对，每年过年我都会去，春节走访生活困难的老同志是我们工作的一项内容。我1996年到这里，一直到2008年，每年春节前我都要去他家走访。虽然廖华雄不认识我，但我想他父亲在电话中告诉过他，在他心里面可能也是知道有我这个人的。所以当我到他家里找他做工作时，他一看到我们走过去，就有意往外跑。我猜到往外跑肯定是他，我就叫住他：廖华雄，你别跑，我是曾所长，是来找你谈事情的，跑不能解决问题。他一听，问了一句"你就是曾所长"，然后他就停了。说实在话，他这个人也可怜，家里没什么钱。对待他这种人，我们也没有什么更好的办法。见他留了下来，我们就反复给他做思想工作。我告诉他，你现在走到哪里也躲不了。你们都是本地人，欠的钱连本带息一共一万五六总要还给人家，逃走不是个办法。你以前，逃走了17年，还不是没解决问题？如果把这个事情解决好了，就可以安心工作。能借多少还多少，一定要给对方一个交代，否则你也没法安心过日子。考虑到你这个条件，再加上你们又是隔壁邻居，我们也会争取帮你免去一点利息。我把这个想法跟他沟通了很久，他慢慢就同意了我的建议。虽然廖华雄没什么技能，但身体还可以，为了让他尽快还上这笔钱，我就帮他介绍了一份工作，让他到我朋友开的一个煤矿里去上班。后来，我们又跟死者家属做工作，我跟他家里人说：你们跟廖华雄感情原来还是很好的，要不他不会让你们搭车。出了车祸，他也不是故意的。他也没说错，这个事同样也害了他自己。他吓得跑出去17年，生活过得很苦。他现在这么穷，你们也是看到的。我有个建议：鉴于他现在没有钱，看看能不能免掉利息，要不他还不上，可能又会跑，你们自己想一想，我只是个建议。后来，死者家属就同意把利息免掉。在我们的耐心劝导下，廖华雄东拼西凑借来了2500元。可除开17年的利息不算，离赔偿金本金都还差2000元，而廖华雄实在是没有办法了。这时我想起自己一个同学在邻近的月峰乡开煤矿，便带他去矿上找到自己的同学希望能帮他在煤矿找点事做。两个月后廖华雄就还清了欠款，现在结了婚，生了小孩还建了一栋新房。这个案子，我印象非常深刻。

邓：曾所长，听到您调解的这些纠纷，我们真的是深受感动啊！人民调解工作，在我国目前的条件下，真是为老百姓解决了非常多的现实问题！

曾：是的，像我们做人民调解工作的时间这么长，是有不少印象很深的案子。今年4月20日发生了一件事情，三里田村一个叫杨平的村民砌房子，有个陈老板承包了她房子外墙的粉刷。陈老板请的一个小工李某在粉刷外墙的时候，从五楼摔了下来，摔得非常重，马上送到了重症监护室治疗。李某开始住院时的医药费每天要花八九千，住了八天。那个房东杨老板家里也没多少钱，她砌房子就是借的钱，所以没钱给伤者赔偿。而伤者家属天天过来要钱。我们一接手这个案子，开始能做的，就是每天守着房东和建筑方，怕他俩打起来，也怕他们走了以后就不回来了，这个纠纷就无法调处。

邓：守着他们，那要怎么才能守住？

曾：就坐到凳子上，每天两个人，轮班守候。一方面是保护房东，另一方面就是做劝导工作。看到医院每天要七八千块钱（治疗费），房东和承包方确实承受不起，我们又去跟医院协商，了解情况。据医生说伤者可能治疗不好，我们就跟医生说明李某受伤以及房东与承包方的经济现实情况，请医院把握一下，尽量做到节约，同时不能耽误治疗。我们也做房东的工作，看能不能先拿一部分钱出来做医药费。正好小工李某家有个亲戚是我的一个同学，我就找到他，跟他在一起协商赔偿金的事。有他出面，伤者家属的工作就会好做一些。在计算赔偿金的过程中，考虑到李某伤势太严重了，医生也说伤者可能治疗不好。于是我们就把死亡赔偿金、抚养费、丧葬费等都算在里面了。但李某是农村户口，算出来钱不很多。考虑到李某家经济条件不好，考虑到特殊情况，我们就把计算赔偿金的标准提高了一点。当时算的标准是比农村的稍微高一点，比城市的又低一点，总共25万。最终房东与承包方是以付医疗费的名义，但实质上是按死亡赔偿金的标准，对小工李某进行了赔偿，双方达成协议。

邓：曾所长，你们的调解确实针对不同的情况想了很好的办法。

曾：是的，像这个案子如果不及时调解好，医院每天七八千块钱的医药费，负担确实太重了。而且，当时死者家属先后两次分别集中20多个人到房东家里去吵闹，我们非常担心这个事拖下去，还可能造成群体性事件。

邓：那个小工是外地人？

曾：是安仁县的，房东是我们郴江镇三里田村的。这个案子的赔偿金后来终于谈好是25万块钱，但房东和承包商谈这个钱具体怎么来分担的时候，又总是谈不成。而且医院那边的钱又每天都在涨，我们也很着急。伤者的治疗虽然没有什么希望了，但伤者家里人拿不到钱，就不同意出院。房东老板说她愿意出钱，可手上又没有那么多钱。我们就要承包商和房东共同来出这个钱，但承包商就是不愿意出钱。所以当时没办法，还把当事人放到派出所去了。最后，我们通过派出所和安监局一起和他谈，告诉他如果他不愿意出钱的话，到时候就按照安全责任事故来处置。最后他们还是愿意赔钱了。

邓：房东后来出了多少钱？

曾：他出了十四万，承包商出的是十一万七。如果我们不采取措施，还真拿不到钱。

邓：我听说，三调联动最先是从你们北湖区兴起的。

曾：是，只要发生了纠纷，相关的部门都可以联动调解。这个机制出来以后，我们在解决纠纷召集相关部门的时候，比原来没出这个机制前要迅速。原来没有这个机制出来的时候，其他的部门不是特别配合。现在由主要领导来挂帅负责这个事情，其他部门就比较配合了。

邓：那您觉得三调联动机制还有哪些需要改进的地方？

曾：机制要健全，机制健全以后要有相关制度出台。比如说有关部门不配合时，要有一种机制进行约束。

邓：即便是市里出台了三调联动机制正式文件，有些部门还是不积极？

曾：有了这个文件之后好很多。我们郴州，各个单位负责三调联动办公室工作的主任都是由部门的一把手来担任，所以现在我们的三调联动机制实际上是由各个部门的人组织起来的。有了这个机制，比没有这个机制，我们的人民调解工作要好开展得多。不过，我认为这个三调联动机制还是要进一步细化。

邓：其他部门有没有专门的调解员？

曾：有些部门有。原来我们这里的林业纠纷是由区法制办管的，现在涉及林业纠纷的，就到林业局的调解纠纷办公室去。遇到林业方面的纠纷，调解工作以他们为主，我们配合他们调处。他们调解纠纷有自己的优势，例如上山查看林权需要图纸，而我们看不懂图纸，这就是他们的优势。

邓：曾所长，交通事故方面的纠纷，你们需要过去协助处理吗？

曾：原本今天就要处理一个交通事故。前几天晚上我们就到人民医院，昨天我又到保险公司，到交警队。我们三里田村一个村民，前些天被车子撞了，在人民医院住院。住了十多天，没有发现大的问题。23 号人民医院给他做复查。本来如果复查没什么问题，他就可以出院了。但 24 号凌晨 4 点，这个病人突然死亡。他的死亡到底是医疗事故，还是交通事故，现在说不清。如果是交通事故，他住院时没发现什么大问题，他住了十几天院也没有什么问题。现在到底是哪里不对，还要鉴定。

邓：你们这种案子比较复杂，一开始是按交通事故处理的，接着又可能变成是医疗事故。

曾：要经过医疗事故鉴定中心鉴定才知道。如果不是医疗事故，就是交警部门处理。撞人的那个车子买了保险，如果是交通事故，保险公司就要负责赔（钱）。保险公司想少赔（钱），所以就不认可这个人是因为交通事故死的。但医院出了一个死亡报告，报告写着死者是因为交通事故导致肋骨断裂，肺受伤，最后肺衰竭而死亡的。保险公司的人不同意这个结论，他就问医院，为什么开始在你那里住了十多天院没死，后来要出院的时候才死亡，这是不是医院的问题呢？当然，保险公司有这种想法，谁都可以理解。不过现在这个案子还没法解决，要等医疗事故鉴定中心的结论出来。

邓：哦。曾所长，在您的调解工作中，您觉得遇到的最大的困难是什么？

曾：我在两个乡工作过，两个乡有不同的情况。我原来在保和（乡）的时候，村民法律意识淡薄，你要跟他沟通很难。现在到城里来工作，城里的老百姓法律水平比较高、生活水平比较高、条件比较好。在农村做调解的时候，你递一支烟、一瓶水给当事人，他觉得你很亲切，但在城里这些地方，他们的条件都很好，他们的意识不一样，要求也不一样。

邓：您调到城里来之后，您还是做得很好啊。那您是怎么应对这些变化的？

曾：慢慢学啊。像我们司法所工作者，有的工作多年了，他们也有很丰富的经验。我们的编制在司法局，工资也是司法局发。但我从来没有把自己当做只是司法局的人，司法所、综治办工作在一起。这就有一个好处。综治办工作人员在这里工作多年了，我是去年才来的，这里很多人我不熟，就借助综治办的人去熟悉。我到了这里跟他们是一家人了，非常融洽。

邓：你个人觉得人民调解员的编制还有哪些问题？

曾：从北湖区来讲，比原来好，有两个编。我们司法所现在是我一个人，另一个借调到司法局去了。虽然我现在跟综治办合在一起了，但是司法所还是要再增加两三个人才好，不然工作太累。每个纠纷有问话记录、调解笔录等，都需要有人来整理。而且我们司法所并非只有调解一项工作，我们还有社区矫正、法制宣传等工作。

邓：所以说调解只是你们工作职能的一部分？

曾：调解工作只是一项职能，我们还有很多的工作要做，司法所在人员上要保障。如果司法所能多增加两三个人，我们就可以一起出去调解，回来也有人整理资料了。

邓：你们如果再增加两三个编，也不是专门搞调解工作的？

曾：不是的，除调解工作以外，还有社区矫正、法制宣传、法律服务，还要参加政府中心工作等，人少了，根本就做不过来。我们既要做好调解工作，也要搞好内部整理资料工作，以及其他中心工作。所里现在就我一个人，有那么多的纠纷，我觉得我把时间大量地花在资料整理上，我们的作用就不能很好地发挥。所以，人员上就要保障到两三个人，工作才能更好开展。

邓：像你们司法所，调解工作每年的经费大概是个什么情况？

曾：我们郴江镇这边还可以，我们的经费是和综治办一起开销的。我们有两台车子，但具体拨款我不是很清楚。至少要有几万才能运转吧，车子的油费、人员的办工经费、工资福利什么的。

邓：曾所长，我们经常说人民调解是情、理、法三者的融合。在情、理、法三者中，你一般首先考虑的是哪一个因素？

曾：我首先考虑法。处理案子，我首先会把相关的法律规定了解清楚，然后再考虑案子的具体情况。

邓：我看你们调解的时候，都要给当事人提出建议和方案。是不是你们调解的纠纷，都是你们提出调解方案？当事人自己会不会提出来呢？

曾：也有，但当事人提方案的情况不多。当事人的想法往往讲得有点含糊，很难琢磨。再一个，当事人提出的方案就代表他的利益，而我们要考虑一方提出的（方案）对方接不接受。如果对方接受了，那就可以。不过，一般对方都会讨价还价，都需要我们在中间做工作。所以当事人提出可行方案的情况很少，基本上都是我们找当事人沟通以后，找一个契合点、中间点的情况比较多。

邓：像村一级的人民调解委员会，你们这边大概是个怎样的人员构成？

曾：按我们这里的规定来讲，村治保主任也叫调解主任，其实都是人民调解员。村委会的成员，都会参加调解工作。一个村的村干部一般都是四个：支书、主任、秘书、妇女主任兼计生办主任，这四个人的工资是由财政拨款的。（人民）调解员一般是村主任兼任。但是郴江镇这边情况比较好，我们郴江镇七个村一个居委会财政状况都比较好。所以我们这里的七个村都单独设有调解员，有这个财力。

邓：他们的经费保障是来自乡政府吗？

曾：他们村里面自己拿钱。财政主要管支书、主任、秘书、妇女主任四个人，这四个人的工资列入了区财政预算。治保主任没有列入区财政。

邓： 曾所长，不知道你们这里有没有统计过，一年总共有多少纠纷？通过人民调解处理了多少纠纷？

曾： 这个是不完全的统计。郴江镇的纠纷，按我估算的话，一年有300起以上。去年登记了的是152起。有些综治办的人也去调解纠纷，但他们一般是调解好了就走人了，他们是不登记的。

邓： 像您去年调解了多少件纠纷？

曾： 150多件。

邓： 像村里面发生一起纠纷，他们虽然有调解员，但是您也会去协助他们调解吗？

曾： 有些难度大的，他们调不好的，就报上来一起调解。有一起纠纷，我没来之前就发生了，是山林纠纷，现在还没有调解好。当时他们村里面进行调解的时候，组织当事人写了个调解意见书，但有一方姓赵的当事人不肯签字。他总是把那个林地的分界线划到别人那边去。这个姓赵的，年纪比较大了，来我这里不知道多少回了。我跟他讲道理，怎么讲他也不听。我也把这个纠纷上报到区里面了。他说他要上访，我就告诉他，这个事情你上访，区里面还是喊我们去调解。跟他总是讲不清楚，我就让他叫他那个教书的儿子来谈，但他儿子没有来。之后我们区法制办主任去找他儿子聊过。法制办主任说找过他，但是他的脾气跟他父亲一样，也讲不清。他认为这是他父亲的事情，要他父亲自己去处理。

邓： 您还碰到过其他没有调解成功的案子吗？

曾： 有。主要是征地拆迁的案件。我们郴江镇管辖的村，有些出嫁女嫁出去后户口没有迁。她们在嫁过去的那边也分有田地，两边都有田地，这个是不合法的。有些人看到这边条件好些，嫁出去之后户口不迁走。娘家这边征地拆迁补偿款分配，她们要求分，群众又不同意给她们分，就产生纠纷。从目前掌握的情况看，有一个村民小组调解了一起出嫁女享受本组集体经济分配纠纷。组委会干部按这个出嫁女是否履行了当地村里、组里的一些义务来进行分配。如果你履行了，比如说村里修路你捐了款或者是做了义务工的，那就给你分钱。你要是没履行过义务，你户口即使到这里，也不给分。不过，出嫁后没迁户口的出嫁女有很多，她们中有履行义务的，也有没履行义务的。而现在她们拧成一股力量，提出只要户口在这里，不管嫁出去多久，不管履没履行义务，都是来找我们司法所，都是说村里应该给她分钱。有时候，组上给一个人分了钱，其他的就都要分。像这种纠纷，调解难度很大，我既要依法办事，又要结合实际。有人也去打过官司，但也拿不到钱。我们郴江镇就有这样的情况。

还有就是要求独生子女按双份分征拆赔偿款的事。我们这里的独生子女，按政策向来都享受集体经济双份分配。按我们这里的《计划生育条例》，独生子女享有集体经济分配时应增加一份。我原来在保和乡工作，有个村一次性每人分十七万的征拆款。这个金额比较大，金额大了区别就大了。独生子女家庭再按双份领钱，别的人就不同意了。别的村民说，一个人就是一份。所以，虽然按照政策（独生子女一个人）要享有两份，但是村民不肯给。这个我也不好调解，只能在村民自己协商后，再由组里来决定。就我了解的情况，有的组最后会给独生子女家庭增加百分之二十或者百分之五十的份额，但没有一个村给增加一份的。也就是适当地增加两三万、三四万的情况比较多。

我处理一个案子，也是外嫁女户口不迁要求享受征地款分配，最后解决方案是“近三年出嫁的外嫁女，按百分之五十（的比例）参与分配。而且，今后只要是征地，分钱就按这个标准来分”。后来其他组像这种情况，就会参照这个标准分配。起了个示范作用。

邓：假如这种纠纷调解不下来，到法院去打官司，法院的判决能不能执行呢？

曾：法院判了，但最后还是要看村里履行（判决）的意识。像我开始说的那个独生子女的情况，去法院打官司，打赢了，村里也不分钱。村里账上总是没钱的。一来钱，村里立马就分掉了。法院也不可能总是盯着你村里的钱。而且独生子女（家庭）毕竟是少部分，一个组也就两三个，力量也比较弱一点。

邓：曾所长，现在针对人民调解协议，国家出台了一个司法确认制度。像你们办的案子，有进行过司法确认的吗？

曾：我们这里没有进行司法确认的。

邓：为什么不搞确认呢？

曾：我觉得，司法确认是（针）对这个调解协议当时没履行的，去法院确认一下保障履行。但是我们这里基本上是百分之百履行，所以目前没有。对于一些金额比较大的，需要比较长的履行时间的，司法确认是有必要的。

邓：像您调解的案子，当事人知不知道有这个司法确认的制度？

曾：我们还专门召开过村里的会议，宣传过司法确认制度。不过可能大多数人还不知道，因为宣传方面的工作可能还是做得不够。我认为，针对一些金额比较大的案子，有的要十年才能履行完协议，像这种情况，我觉得（需）要司法确认。毕竟这么多年，谁知道你到时履不履行。针对一些金额大、履行时间长的纠纷，我们提醒他们是不是需要搞个司法确认。但有些人就会说，没关系，我跟他讲好了，私下已经协议好了。那我们也就不多说了。目前我还没有处理过进行司法确认的案子。

邓：曾所长，那您有没有处理过一些到法院判决了不能执行，又到你们这里来调解的案子呢？

曾：有。前面讲的那个车祸事故，就是到法院判决了，执行不了。那个案子光利息都是一万多，那是法院算的利息，也没办法执行。最后通过我们人民调解处理好了。

邓：那法院执行不了，到您这里来调解的案子多不多呢？

曾：有一些。

邓：曾所长，听您讲了这么久，我们学习到很多人民调解方面的经验与技巧，也了解了不少相关的情况。非常谢谢您！

点子要多　脑子要活

——调解能手李青山访谈录

李青山，1990年9月—1995年1月任临武县金江镇金山村主任。1995年1月—2004年3月在临武县司法局金江法律服务所工作，任所长。2004年3月至今任临武县金江镇司法所所长。

访 谈 人：邓春梅，湘潭大学法学院副教授

被访谈人：李青山，临武县金江镇司法所所长

时　　间：2012年7月26日上午

地　　点：郴州市临武县金江镇司法所

邓春梅（后文简称“邓”）：李所长，您好！我是湘潭大学法学院的一名教师。我们这次来郴州，主要是做一个关于人民调解方面的调研工作。这项工作的任务之一，就是对像您这样经验丰富、技能突出的人民调解能手们进行访谈，从而总结、推广你们的调解技巧与方法，了解我国人民调解的发展现状以及它面临的主要问题与困境。李所长，首先我想请问一下，您从事人民调解工作大概有多长时间了？

李青山（后文简称“李”）：算一下，到今年有17年了。

邓：17年了，那真是很长一段时间了。李所长，您原来是学的法律，或其他跟调解工作相关的专业吗？

李：不是的。我原来读了一个中专，后来进了法律服务所，然后到党校去读了一个法律函授本科，最后参加了成人高考。

邓：李所长，你们司法所现在有多少个专门从事调解工作的人员呢？

李：3个人。

邓：那你们每年调解的案件量大概有多少呢？

李：去年总共调解了149起案子，比以往都要少一点。以前一般都超过了200起。这还只是调解的案件数，我们还有一些诉讼的案件。

邓：那你们一年大概要处理多少诉讼案件？

李：三十多个吧。

邓：你们这个司法所是什么时候成立的？

李：具体成立时间我不清楚，我之前是在法律服务所工作，不过应该有蛮多年了。

邓：你们的调解工作，有没有一个固定的模式化的程序？

李：有专门的程序模式，我们的调解一般是以受理开始的，受理了以后就是了解情况，了解完情况然后就是正式调解了。

邓：李所长，您可不可以用您在调解过程中处理过的典型案例，跟我们讲一讲，您具体是怎么一步步来进行调解的，其中又运用了什么样的方法使调解成功的？

李：好的，我认为在调解工作中，一般要抓三个点。第一点就是前期准备工作。前期准备工作就是在接到案子以后，先要了解双方当事人、了解案情，把这些方面都要了解清楚。我一般是采用走访的方式，实在走访不到的地方就通过电话进行调查，也可以单方面把当事人召集到（司法）所里做一些思想工作，这些都是调解的前期准备工作。（前期准备工作的）主要目的是帮助双方当事人把其中的法律关系搞清楚，并且把有关法律的规定告诉他们。第二点就是调解工作。要想把案件调解好，首先要抓住当事人的心理，要让当事人相信你会公平公正处理。面对不同的当事人，要知道随机应变。比如说双方当事人，有一方是有钱有势的，另一方就会担心他是不是和政府官员关系非常好，就担心调解员在处理案件的时候会偏袒有钱人。因此，遇到这种情况，你就要想一个办法，让这个当事人相信你会公正处理。总之最重要的是，要当事人相信你会公平公正地处理案件，否则后面的工作会更加难做。第三点就是扫尾工作。如果调解成功，当事人双方达成了协议，扫尾工作就是要做好调解协议的履行、兑现等工作。如果这些工作没做好，前面所有的努力可能就都白费了。如果调解不成功的，我会明确告知双方当事人他们各自的权利和义务。特别是对于受害者一方，我会告诉他有另行诉至法院的权利，当然我也会告诉他们，可以回去考虑清楚之后再来调解。

邓：刚才您说最重要的是要让当事人相信您的调解是公正的，但关于这一点，你具体要怎么做才能让他们相信呢？

李：第一，凭我的信用度。因为我从事这个工作十几年了，在以前的工作中确实也碰到过这样的情况，我可以给当事人举例说明，直接告诉他哪个案子是我调解的，其中一方当事人很有钱，但我是怎么怎么做到公正的。如果当事人表示不相信的，我就让他自己去群众中调查了解一下。第二，就是要有耐心。有些当事人性格暴躁、脾气不好，甚至还骂人打人。因此，没有一定耐心，调解工作很难继续做下去。有很多调解员做了一段时间后，就做不下去了，很大一部分原因也在此。调解员的工资本来就不高，在调解工作中还要受气，尤其是涉及一些死亡事故的，当事人往往特别激动，说的话就很难听，完全不顾及听者的感受，所以很多调解员不愿意继续从事这份工作。我以前脾气也很暴躁，后来就慢慢习惯了。还有，在调解过程中，学会了根据不同的当事人随机应变，能从他说话的漏洞中来找理由反驳他。如果你用他自己说话中的漏洞来反驳他，他往往就哑口无言了，接下来你才好做他的思想工作。

邓：李所长，您是在长期的工作中百炼成钢，然后就有了做好调解工作的耐心了，但关键是，您为什么愿意被“百炼”呢？您是出于一种什么考虑，才在这个位置上面坚持下来的？

李：我以前没从事这个行业的时候，我和我的家人也碰到过矛盾纠纷。发生纠纷后，我也找过政府人员处理过。从那个时候开始，我就感觉到，这是一个为人民服务、为人排忧解难的工作，我就有种崇拜感，想从事这样的工作。后来我做了这一行，就坚持下来了。另外，我原来是从事农村工作的，当了基层干部后，确实就有种想法，想把自己的地位提高一点，让自己能够在政府工作，让别人能承认我的能力，对我能有点刮目相看的意思。谁都会有这一类的想法吧，人往高处走嘛，有一种为民排忧解难的思想。

邓：那您从事调解工作之后，您觉得您当初的那些想法实现了没有呢？

李：对于我个人而言，从经济上来说，不仅没有带来帮助，我的收入反而减少了。我原来从事农村工作，当农村干部，在家里还另外开了煤矿，办煤场、搞运输，一个月至少有一两万的收入。自从我出来之后，就靠政府这点工资，一个月就三千块钱，经济上肯定要受一点损失，但我的愿望实现了。

邓：收入相差这么大，一般的人肯定不愿意干下去了。

李：我原来在家里干了很多年，有一定的经济基础了。说句实在话，这辈子过得就是不差钱了，在城里面买一栋房子也不成问题。所以我做调解工作，在乎的是另一种感受。现在我帮别人解决问题，别人都承认我，我觉得很充实。

邓：你们这里的人民调解员有没有相应的奖惩或者考核制度？比如说绩效考核之类的制度。

李：绩效考核这一块好像没有什么特别的，就是我们到司法局去办一个调解案子补贴 20 块钱，做一个法律援助的案件就补贴几十块钱。

邓：这个补贴是每个月工资之外的？

李：对，工资之外的。确实是太少了，我倒还好，我们这里一些没结婚、没买房的年轻人就肯定不够用。如果不是因为可以提拔，他们肯定也不会做了。

邓：像他们这种基层的调解员，得到提拔的机会多不多？

李：我感觉好像还可以，但也不是特别多。今年提拔了三个司法员。就整个环境来看，我们这里对基层调解工作还算是比较重视的，提拔的机会还算是比较多的。

邓：那您调解得最多的主要是些什么纠纷？

李：日前最多的是人身损害赔偿的案件。像一些打架的纠纷，还有工伤事故纠纷。因为我们这里是矿区，煤矿的安全事故特别多，所以工伤事故的案件比较多。另外像邻里纠纷、婚姻家庭纠纷的案子也比较多。

邓：你们这边的邻里纠纷具体有些什么纠纷呢？

李：主要是邻里的通风采光问题、排水问题等，都容易引发乡邻纠纷。还有一些是因为小孩们打架引起了两个家庭之间的矛盾。今年上半年有一个很典型的案件，唐家村的两个小孩打架，大的小孩把小的小孩打了，那个小一点的小孩的父母看到自己的小孩被打，就走过去打了那个大一点的小孩两个耳光，两家就此产生矛盾，打来打去两方的房子都被砸光，双方都因此住院了。农村乡邻之间，像这样开始因为一点小矛盾，后来引发大的纠纷的事情不少。

邓：您能不能在您处理的众多类型的案例中，选几个比较典型的，或者是您印象比较深刻的，给我们具体讲讲？

李：那我就讲一下今年 6 月 29 号调解的一个工伤事故的案子。矿方是我们木冲（村）的宝源煤矿，受伤的一方是桂阳那边的荷叶（村）的。我们是 6 月

27 号接到矿方的调解申请。后来根据我们了解的情况，矿方与伤者在向我们申请调解之前，私下交接过几次，想双方和解，但没有成功，所以才向我们申请调解的。接到这个案件之后，我们就开始第一步的前期准备工作。我先打电话给受伤的一方当事人。跟他取得联系后，我们就到他家里去做他的工作。但开始的时候，他很不相信我们，他说我们是本地人，会偏袒矿方，不会公平公正地处理案件。于是，我就耐心地跟他说、跟他沟通。我告诉他，他受伤的经过、住院期间的治疗情况，以及他的伤残等级等情况，我都已经认真地调查了解过了，我是真诚地来为他们解决这个事的。看到他还是不怎么相信我们，我就给他举了几个其他的在我手上处理好的、涉及外地人的矿山事故的案子，并且告诉他最后的结果也是公平公正的，当事人都很满意。我还说，不信你也可以自已去了解一下，看我会不会搞地方保护主义。我跟他沟通了很久。走之前我跟他说，你们也已经私下和解过几次了，但都没有成功，要不我跟你们定个时间来做调解工作？他当时也还只是半信半疑的，第二天才打电话来跟我说同意调解。29 号，他就直接到我们司法所里来了。我把矿方也叫过来了，给双方耐心地做工作。矿方跟我说，他以前处理的十级伤残赔偿金额都在两万以内，而这次受伤的一方也是十级伤残，却坚持要四万块钱以上，他不同意。他还告诉我们，伤者的住院费、护理费、误工费，矿方已经付了，只是协商一次性的伤残补助。我们做了大量工作，受伤的一方终于同意只要三万块的伤残补助钱，但矿方还是坚持只愿意在两万块以内出钱。实在没办法，我就提出取一个中间数字——二万五千块，看双方是否同意。然后，我们又再单方面地分别给他们做工作，劝他们双方都退一步。通过两个多小时的调解，最终达成了调解协议。

邓：矿方只愿意出两万块钱以内的赔偿，伤者又硬要三万，您具体是怎么做通他们的工作的？

李：我跟矿方说，按照《工伤处理条例》，是应该要赔差不多三万块钱。这个矿方也知道，但是他说他赔不起，他说矿里还有另外一个二级伤残的需要处理，按照法律来赔偿差不多要一百万，但他没这么多钱，所以他说不可能完全按照法律来处理，要适当结合实际情况。我就说，伤者已经从四万退到三万了，现在我还要让他退一点点。别人退步了，你也要让一点，要双方都让步一点点，这个事才能解决。你完全不让步，那这个事我们调不好。而且这个两万五，已经是比照法律的标准，结合实际情况少了一点了。要少得更多，换作你自己，你会不会同意？这样反复地做他的思想工作，最后他就接受了。

邓：那受伤的这一方，他原来不是要三万块钱以上的吗？最后又怎么愿意只拿两万五千块钱了事的呢？毕竟好几千块钱，对一个打工的人来说，也不是个小数目。

李：在给受伤的这边做工作的时候，我就跟他们讲清楚，一个是这个矿老板也不像你们想的那么有钱，他那边还有个二级伤残的工人要赔钱，他赔不起那么多。另一个就是，如果你们不愿意调解的话，我们不勉强，你们可以去法院打官司。不过我也提醒他，你去打官司，可能会拿到三万左右的赔偿金，也可能拿不到，因为矿方没有那么多钱。但是不管怎样，你必须耗费更多的时间，你还要请律师，这也耗费金钱。我说，你还不如拿了这两万五千块钱，就把事情解决了来得轻松。当事人听了，觉得有道理，就同意了。

邓：李所长，我感觉您做调解工作的成功之处，就是站在纠纷当事人的角度，设身处地地为当事人分析情况、权衡利弊，所以当事人就愿意接受你的建议。像宝源煤矿这样的工伤事故纠纷，你们平常是处理得比较多吧？

李：对。

邓：那一般情况下，最后的解决方案都是你们提出来的吗？

李：处理方案不完全是我们提出的。不过，一般我们会根据实际情况，提出一个可行的方案，然后给当事人做工作，由他们自己决定是否接受或者提出新的想法。就像刚才那个案件，我们提出的方案是二万四千七百块钱，然后根据实际情况去给当事人做工作。我们把道理都跟他们讲清楚之后，如果符合双方的共同利益，他们就会接受。

邓：像这种情况，当事人双方签完协议之后，是当场兑现的吗？

李：这就涉及我前面所说的第三点扫尾工作。调解好之后达成调解协议的案件要想办法让当事人尽快履行，一般我们要求当场兑现。我处理的案件，80%以上是当场兑现的，还有20%的是分期付款的。对于要分期付款的案子，我们还要进行跟踪工作。如果到时间了，当事人还不履行协议的话，我们就要帮助催款。有些当事人在被催款之后还不履行的，或者说是反悔的，我们就要继续做工作，让他履行调解协议。我们没有强制执行权，如果当事人还是不履行的，我们就会说服另一方当事人去法院起诉。

邓：在调解协议达成之后，反悔、不履行的案件比例大概占总数的多少？

李：2%、3%左右吧，有时一年碰到一两起，至多三起这样的案件。

邓：还是不算多，开始您说你们所里一年有一两百起案件，碰到两三起这样的情况，那就没有3%，差不多就是1%的比例吧。

李：是的，反悔的不是没有，但是确实还是少。当事人反悔的，大多是以没有钱为理由，有的是真的没钱。我工作这么久，好像就只有两件。其中有一件就是梅隆县的工伤死亡事故赔偿案件，主要是受害方反悔了。

邓：您能给我们介绍一下这个案子吗？

李：2007 年，梅隆县一个非法煤矿的老板，私自请了几个人来挖煤。煤矿挖开几米后就出了事，导致桂阳县一个人被压死了。死者三十多岁，家里有两个小孩，小的还蛮小，大的十二岁左右。他老婆是农村妇女，没有工作。案子发生后，死者的老婆、父母，还有一些人，一共是十几个人，就过来到矿里、村里、矿方家里去闹，要求矿方赔偿。但老板没钱赔偿，镇里、县里去调解了很多次，都没有用。后来我们去做了一个星期的工作，双方签了个调解协议。

像这个案子，我们在前期准备工作的时候就调查过，矿方家里的经济情况也不好，根本就没钱赔偿。我们就催他去借钱，借了一个星期才借到九万八千多块钱。

邓：那煤矿老板还是愿意赔钱的，只是钱不多？

李：是的，那个老板自己也说了，有钱的话多赔一点也没关系，但现在确实是借都借不到钱。他把自己的情况告诉了死者家属，但是死者家属说低于二十万元就不行，而且也不同意分期付款。他们要老板赔现金，而且要一次性付清，免得以后每年跑来拿钱不方便。再者，他们说煤矿老板的年纪也很大了，怕以后拿不到钱了。

邓：后来是怎么达成的协议，为什么又反悔了呢？

李：考虑到这些具体情况，我当时帮他们提供了两个方案。第一个方案是赔偿二十万元，分期付款。第一次付七万元，以后每年付一万元，直到付清为止。第二个方案，是一次赔偿死者家属九万八千元，一次性了断，以后双方不能再为这个事来闹。提了这两个方案后，死者家属当时考虑到矿主的年龄也比较大了，怕以后拿不到钱，就说选择第二个方案。为了落实好这个事，我当时特意问清楚死者家属是否真的愿意，我要他们考虑清楚，不愿意就不要签这个协议，因为我也觉得老板赔的钱确实太少了。按照 2007 年的《工伤事故处理条例》的标准来算，大概也有 20 万元左右。但是矿方也确实没有赔偿能力，我们也调查了解过，他在银行也没有存款。所以，这种情况，全看死者家里人的选择。后来，死者家属拿了那九万多元走了。但三个月以后，他们就又反悔了，又跑过来找我调解，要求矿方继续赔偿剩下的十一万块钱。我们就又组织了调解，但调解不成功。之后，我们也没有别的办法了，我只能建议死者家属到法院去起诉。后来临武县法院开庭的时候我也去了，法庭调查阶段我也向法官讲述了我的处理情况，最后法院驳回了当事人的起诉。这个案件就很具有典型性。

邓：您刚刚说您经手的调解案子，有两起反悔的，那另外一起具体是个什么情况？

李：另外一起也是工伤事故赔偿案件，发生在何家村的一个煤矿。受伤的一方出事后，在沙田医院住了三四天就要求回去住。矿方就希望把这个事情一次性解决完。当时包括伤者和他的两个叔叔在内，也都同意一次性了断纠纷。通过我们的调解工作，双方最终达成协议，由矿方一次性赔偿两万九千七百块钱给伤者。但是伤者回去治疗后，用完了所有的赔偿金外，自己还垫付了一万多块钱的医疗费。所以，他就打电话给我，要求我们重新处理。但矿方认为当时就已经处理好了，不愿意继续赔偿。我就给双方当事人继续做工作。我带着伤者的医疗发票找到矿方，跟他说，虽然你们当时是双方自愿达成协议的，但是后来支出的医疗费用也确实存在。而且，如果伤者当时不转回老家去治疗，这个医疗费原本也是要你矿方来承担的。最后双方当事人都各自让步了，矿方又赔偿了伤者七千七百块钱。

邓：哦，这两起纠纷确实有它特别的地方。另外，李所长，我还想请问您一个情况。2011 年，国家出台了对于人民调解协议，可以申请法院进行司法确认这么一个制度，那您经手的调解案子，有没有到法院去申请司法确认的？

李：从《人民调解法》出台到现在，我调解的案子还没有一起是去法院确认过的。我的理解是，假如双方达成协议，协议履行完了，就没有必要再去法院确认了。

邓：李所长，您在做人民调解工作上岗之前，有没有参加过相关的培训啊？

李：在做调解员以前没有参加过培训，当了调解员以后参加过培训。像我们临武县司法局每年都会召集下面的调解主任培训，我每年都参加了培训。

邓：你们的培训一般都是由司法局组织的，法院会不会有针对你们的专门培训呢？

李：我参加的都是司法局组织的，法院没有组织过我们培训。

邓：那你们主要培训一些什么内容呢？

李：一般培训的是农村常见的法律知识、农村发生的典型案例。法律知识方面，像婚姻法、土地管理法、土地资源使用法等。另外就是通过一些典型案例，讲解一些调解技能方面的内容。

邓：您在处理不同的案子的时候，在调解技巧的运用上面有没有什么区别呢？

李：我认为，处理案件要靠脑袋灵活运用，要随机应变。对待不同的当事人，就要用不同的方法。就说说早几天我处理的一起因拍卖一棵死柏树引发的纠纷吧。我们知道，柏树很值钱，可以做很多树木雕刻品。所以，这棵柏树虽然已经死掉了，但仍有价值。这棵死柏树是属于白岭村的，白岭村就决定把死树公开拍卖掉。后来，通过公开竞标的方式，这棵树最终由荷叶乡的一个人以一万七千八百块钱的价格拍到。拍完之后，荷叶乡的那个人打开树来一看，发现这棵死树的中间是空心的。一棵空心树肯定不值那么多钱，荷叶乡的人就反悔了，提出要退钱；但白岭村这边不肯退，双方因此产生了纠纷。

邓：不好意思，我很好奇，你们这里的柏树是要死了之后才能拍卖的吗？

李：不是一定要死了之后才能拍卖，但一般的古树，村子里的老人都不准砍，所以往往是树死了之后才能拍卖，拍完之后交完钱才能打开来看。

邓：哦，那参与这种竞卖本身就是有一定的风险的。

李：是的。当时竞拍的时候，那个荷叶乡的人与白岭村口头上已经达成协议了，合同就成立了，整个村子的人都知道这棵树是一万七千八百块钱卖给了他。不过，荷叶乡那个人和白岭村的村委主任是亲戚。他在拍卖之前就放了五千八百块钱到村委主任那，希望拍得此树。拍完之后，他没有交齐一万七千八百块钱，就把树打开了。现在，发现那树是空心的，他就不仅不愿意把钱补齐，还要求退还他放在村委主任手里的五千八百块钱。其实，当时参加死树竞卖的人有三家，每人都预交了一千块钱到村里。村委主任从荷叶乡那个人开始放在他手上的五千多块钱中，也代他出了一千到村里。最后发现树是空的，他就反悔不要了，白岭村后来就以八千元的价格把树卖给了其他人，但是不同意退还荷叶乡那个人的五千多块钱。

邓：他的亲戚村委主任也不同意退吗？

李：对，也不同意退还。但这个荷叶乡的人要求全部退还给他。按我们这边竞卖的规矩，像这个案子里，有三个人参加竞标，每人交了一千块钱，中标的就将预交的一千元直接折抵货款，另外两个没中标的，就会把钱退回去。但是你中标以后反悔的，那一千块钱是押金，就不会退了。

邓：那像这种竞卖柏树的情况，一般而言是不是应该等拍到的人把钱缴齐之后，才能打开树看呢？

李：按常理来说，是这样的。当然，在竞标之前，你要是想参加竞拍的话，自己就必须把树看清楚了，有疑问的可以反复再去看看。实际上，这个案子里的这棵树，只要用锄头稍微耙开一点，就能看到一个洞。但那个荷叶乡的人，看树的时候肯定没注意。不过，我们觉得，也要公平地对待当事人。像这棵树，按照一般的竞拍情况，不管是谁标到，都会有意见。所以我就说服白岭村这边，最后退了四千八给他，双方都心服口服。在处理的过程中，荷叶乡的人态度很差，要是我们调解员处理得不好，可能还会引发肢体冲突。所以在那种情况下，首先要稳定当事人的情绪，有必要的时候可以把当事人分开来做工作。如果当事人比较多，我觉得就要抓住核心人物，重点做好他的工作。

邓：您是怎么来判断谁是核心人物的？

李：是通过看他们的眼神，这个只有靠自己去感觉，我也说不好。在稳定好当事人的情绪之后，我们再去做调解工作，效果会好很多，当事人双方也比较容易达成共识。

邓：像这个案子，您具体是怎么做工作的呢？

李：就是把事情给双方分析清楚。像对荷叶乡的那个人，我就说，既然你标到了这棵树，按照法律规定，你们之间的合同关系已经成立了，你的一万七千块也应该补交齐了。但他说是村里欺骗他，树是空的，根本就不值那么多钱。我就说，那你买之前就应该要看清楚的，看不清楚就不要竞标。就好像你买车一样。付钱把车买走之后，有什么问题也只能是哑巴吃黄连。如果你那天把钱全交了，还不是一分钱都退不了了。而且，你是因为自己疏忽，没有认真看树之后就去竞拍，才造成现在的局面，你是存在一定的过错的。我跟他说清楚这些以后，就先把他的暴躁的脾气压下来了。然后，我又跟他说，你现在在白岭村，你不要那么横。你太横了，是要吃亏的。你参加竞卖，是你自己愿意的。没看清楚树，你自己也是有责任的。而且你把树打开了，现在又反悔了，人家白岭村是有损失的。扣你一千块钱，完全是按规矩办事。

跟荷叶乡这个人做完工作，我再去跟卖树的白岭村人做工作。他们开始说，要把荷叶乡这个人预交的五千多块钱全部充公。我跟他们说，这样做不太合适，毕竟荷叶乡这个人最后什么也没得到。白岭的村代表就说，他们的损失还大一点。按原来标的价，是一万七千八百块钱。后来他们卖出去的价才八千多块钱，加上荷叶乡那个人的五千八百块钱，也才一万三千块钱，还损失了三四千块钱。我当时就反问他，为什么交押金的时候，你们不要求多交一点？达成协议之后，又为什么不马上把钱交清之后再去开树？按照一般的规矩，卖树都是买的人开始就要看清楚的，看清楚了就交钱。不可能等买的人把树砍回去了再交钱啊。所以，你们没及时收钱，自己也做得不周全。现在树卖给了别人，你找他来要损失，一般也是说不通的。再说了，他的五千八百块钱是寄放在村主任那里的，他交押金的钱也只是一千块钱。假如这次竞卖是另外两个人标到了，他们只交了一千块钱，同样看了树，同样他也会违约，那怎么办？村子这边最多也就是把那一千块钱押金拿走。我把这些道理说清楚之后，白岭村就只收了一千块钱，退给了他四千八百块钱。

邓： 李所长，通过您的讲解，我发现您主要是通过讲道理来说服当事人。而且，您跟当事人讲的这些道理，不仅有当地的风土人情、民间惯例，还包含了政策法律方面的知识在内。您干调解工作这么多年，肯定对民间风俗非常熟悉，那您的法律知识主要是怎么掌握的？

李： 通过各种途径学习的，各方面的情况都有。开始的时候，是在司法局培训的时候学了一些政策法律方面的东西。后来工作中有需要，自己也不断地自学。还有我在函授班上课的时候，也学了一些法律。慢慢地就积累起来了。不过，培训的时候也只是培训某个方面的知识，而且并不是学了就会用。我感觉要边用边学，有需要的时候去学习才记得牢。

邓： 您刚才给我们介绍了几个您调解得非常成功的案例，您有没有遇到过调解不成功的案子呢？

李： 调解不成功的案例一年也有两三起。调解不成功的，像前面说的，我们还是要做好最后一步的扫尾工作，明确告诉当事人他们的权利和义务，告诉他们可以去法院起诉，也可以回去考虑清楚之后再来我们这里做调解。

邓： 那请您给我们说一两个您调解没成功的案子，同时分析一下调解不成的原因是什么。

李： 总的来说，调解不成功的案子还是很少的。最近有一个还没有调解成功的案子，是两姓人家之间的山林权属纠纷问题。这两姓一组姓颜，一组姓李，属于同一个村子。去年八月份，双方因山林纠纷打了架，对此去年我举行了两次调解，今年举行了一次调解，都没有调解成功。具体的案情是这样的：发生纠纷的这座山，山上面住的是姓颜的，山下面住的是姓李的，山中间这一块到底归谁，一直就说不清楚。去年七八月份，姓颜的那个组，就用挖土机去挖这个山的中间那块，挖好之后就准备栽树。看到姓颜的用挖机挖山，姓李的就去阻扰，双方因此就发生了肢体冲突，两边都有人受伤。当时，姓李的这边因为是空手去，所以被打伤了四个，而姓颜的那边带有锄头，所以被伤了两个。这个事情处理了好多次，都没处理好。

邓： 一开始就是你们司法所在处理这个事的吗？

李： 是的。

邓：他们是自己申请的，还是政府交给你们的？

李：是镇政府交过来的。我本来打算分开来处理，打架的问题归打架的问题，山林权属问题归山林权属问题。但在处理过程中，涉及赔偿问题，姓李的这边伤得重一点，姓颜的就说，只有把岭划给他们才赔偿，不划给他们就不赔偿。所以没办法，只好把两个纠纷搅到一起调解。但我调解了三次，都没有调解成功。姓颜的承认，人是他们打伤的，并且愿意赔偿，但前提是镇政府要把岭划给他们，并且在协议上写清楚。关于这个林权归属问题，我们没有这个权力，所有至今都没有调解成功。

邓：山腰那一块，在历史上就一直是共管关系吗？

李：山岭要由主管部门处理，我调解的主要是伤人事件。但林权问题处理不好，我这边的伤人事件也解决不了。山岭是属李姓，但山腰一块土一直是姓颜的在种菜。

邓：像这种涉及山岭产权纠纷的有调解成功的吗？你们有没有权去管？或者是协同林业部门一起开展工作？

李：我工作十几年来，山岭产权纠纷一般由政府牵头，我们协助。

邓：李所长，您调解成功了非常多的纠纷，也有少数调解不了的案件。那您觉得，目前您最需要加强哪方面的培训？

李：就我而言，最需要培训的是不断更新的法律知识。现在年纪大了，也不可能老是去翻法律书，所以有的时候可能还是用的旧法律。有次我跟临武一个老律师一起代理了一场经济官司，当时《经济合同法》已经改成《合同法》了，但他不清楚，用的还是旧法律。这种情况在我们调解中肯定也经常存在，所以我觉得培训的时候，要培训每年更新的法律，其他的东西我们基本上都清楚一点。

邓：另外，您觉得人民调解员应该具备哪些方面的基本素质呢？

李：作为调解员需要具备哪些素质，每个人的看法是不一样的，我谈些自己的看法。首先，最应具备的是心理素质。不要抱着太多的偏见去处理问题，要公平公正。比方说，处理案件的时候，如果因为当事人请你吃饭或抽烟，或者因为当事人的亲戚是领导等，在处理的时候就偏袒他，这种心态是不行的，应该保持好的心态，有一颗公平公正的心。其次，就是要有耐心。没有耐心，脾气暴躁，调解工作是做不下去的。还有就是点子要多，要靠大脑想主意来解决问题。面对不同的当事人，用不同的方法，提不同的想法。处理的问题多了，就能见多识广，随机应变，灵活处理了。还有最重要的一点，就是要具备一定的法律知识，并要不断地学习法律知识。法律每年都在修改，在处理问题时面对当事人提出的问题要用法律来说服当事人。以上几点是我认为人民调解员应该具备的基本素质。

邓：您处理的医患纠纷多吗？

李：医患纠纷也不是很多，一年一两件，1% ~2% 左右。这里的医患纠纷就是沙田医院的，所以比较少。

邓：哦。李所长，非常感谢您，您给我们讲了这么多的宝贵经验与技巧，让我们获益良多。谢谢！

李：不用客气。欢迎你们再到我们这里来做调研。

以退为进　化“闹”为“调”

——调解能手廖祥金访谈录

廖祥金，1976年10月毕业于郴州医专临床医疗专业；1976年10月在郴县卫生防疫站从事流行病防治工作；1984年3月任郴县卫生局办公室主任、爱卫办主任，主管办公室日常工作和爱卫工作；1989年8月任郴县卫生局副局长，分管医疗、医政、预防、保健等业务工作；1993年2月任郴县人民医院院长，主持医院全面工作；1996年1月任郴州市苏仙区卫生局副局长、爱委会主任，分管医疗、医政、预防、保健、爱国卫生和农村改水工作；2010年8月至今在郴州市医疗纠纷人民调解中心从事医疗纠纷调解工作。

访 谈 人： 廖永安，湘潭大学法学院教授
被访谈人： 廖祥金，郴州市医调中心调解员
时　　间： 2012年7月10日上午
地　　点： 郴州市医疗纠纷人民调解中心

廖永安： 廖主任，您好！非常感谢您抽空接受我们的访谈。我们这次来郴州，主要是来听听人民调解能手们的经验和意见。听说你们医调中心的调解搞得好，今天特意来向您学习。

廖祥金：您过奖了。首先欢迎您和您的调研团队来这里指导工作。我们中心的主任前两天出差去了，他临走前特意委托，要我向您做个汇报。我专门准备了个草稿，如有不周之处，还请多多谅解。

廖永安：非常感谢。

廖祥金（拿出稿子）：我们中心是2010年8月10日成立的，到现在差一个月就两周年了。我们医疗纠纷人民调解中心的成立，体现了我们市委市政府具有前瞻性眼光。这几年，我国医疗纠纷越来越频繁发生。据统计，我国目前的医疗纠纷，已经成为仅次于征地拆迁纠纷的第二大群体性纠纷。医患关系恶化，群体性冲突频繁发生，严重影响了医疗秩序。一般来讲，医疗纠纷参与的人员众多，涉及的面很广，患方的抵触情绪也很大，而且往往容易失控。新闻媒体也时常报导因医疗纠纷而打砸医院、集体上访的事件，所以医疗纠纷已经成为影响社会安全稳定的焦点难点问题。过去，医疗纠纷解决的途径主要有三种："私了"、"官了"、"官司了"。"私了"就是医患双方自己协商解决，"官了"就是卫生行政部门出面调解，而"官司了"就是到法院打官司，走诉讼程序。就"私了"来讲，医患双方因为各自的利益，对对方缺乏信任基础，意见分歧大，往往谈不拢。有时还会因话不投机演变为暴力事件。"官了"呢，患方也同样缺乏对卫生行政部门的信任，通常认为卫生行政部门是医院的"老子"，"老子"来调解医患纠纷，有庇护"儿子"的嫌疑；就是进行医学鉴定同样也会有同行相护的嫌疑，所以很难被老百姓认可。"官司了"就是走司法途径，从立案、调查、审判到执行到位，程序复杂、时间长、成本高，医患双方都耗不起，嫌麻烦。

医疗纠纷发生后，如果正常的解决途径不畅通，就容易积累矛盾，甚至可能滋生一些邪恶现象。我们郴州在这方面也是比较突出的。在一些二甲、三甲医院周围，聚集着一些没有正当职业的游民，他们摸准了"医院要面子、患者要票子、领导要帽子"的心理，一见到哪个医院出现医疗纠纷就会第一时间凑上去，"非常热心"地帮助了难，从中获取利益。把帮人了难作为生财之道的职业。有的甚至公开叫嚷，招揽医疗纠纷业务，教唆患方当事人采取非法手段、采用过激行为向医院高价索赔，甚至向党委政府施压。他们少则十几人，多则数十人，围堵在医院门口。有的高喊煽动性口号，挑拨围观人群；有的拉出条幅，阻碍人员通行。来就医的人员纷纷避让，医护人员也不敢随意出门。医院医疗工作受阻，就医环境秩序严重被扰乱。加上看热闹的过路群众，一场医疗纠纷发生地现场聚集的人，有时多达上千人，附近的交通也完全瘫痪。针对医疗纠纷的这些特点，市委市政府高度重视。在市政法委的领导下，结合本地实际，同时借鉴外地经验，由市司法局、市卫生局牵头组织法学、医学专家成立了郴州市医疗纠纷人民调解中心。

构建和谐的医患关系，维护医患双方的合法权益，维护正常的医疗秩序，这些都是改善民生、构建和谐社会的需要。及时化解医疗纠纷，既是一项惠及百姓的民生工程，也是一项实实在在的民心工程。一年来的实践证明，医疗纠纷人民调解中心具有天然的亲和力，它是医患双方之外独立的第三方，对医疗纠纷的处理简便及时、不伤和气，保障了医患双方的平等自愿原则，促进了医患双方的和谐互谅，维护了医患双方的合法权益。所以，医患双方经过调解达成的协议，都能自觉履行协议，真正实现了案结事了，深受医患双方的欢迎。一年多来，我们努力探索，用科学方法消除误会，用法律规范平纷止争，用免费调解帮助患者，共接待法学、医学咨询 250 多人次，受理调解申请 164 起，调解纠纷 161 起，已调解成功 153 起，还有 8 起纠纷正在调处中。其中，患者死亡的纠纷有 41 起，占已调解医疗纠纷总数的 39%。另外还受理调解了历史遗留医疗纠纷 12 起。做到了申请调解的案件 100% 受理，调解成功的案件 100% 履行了协议。调处补偿赔付患方金额 297 万元，全部做到了案结事了。通过调解，避免了 20 余起医患矛盾的进一步激化；化解了 12 起群体性纠纷；平息了 12 起扬言要集体上访市政府的事件。省人大、省政法委、省公安厅、省司法厅、省卫生厅和市里领导在视察和听取医调中心工作汇报后，高度评价郴州市医调中心的工作：筹建速度快，建设标准高，人员素质好，调解能力强，工作扎实成效大，为社会和谐稳定和经济发展建设做出了贡献。

回顾一年多来的调解工作，有以下特点：

一、领导关心、高度重视。医调中心从筹建到 2010 年 9 月正式挂牌，直至调解工作的开展，一直备受各级领导的关注重视。他们多次亲临医调中心视察工作，听取医调中心的工作汇报，研究解决医调中心存在的问题，帮助解决实际困难，要求有关部门认真总结和宣传医调中心的工作。

二、网络建设、保障到位。首先，我们建立健全了医疗纠纷人民调解网络。为了加强领导，市里下发了《关于成立郴州市医疗纠纷人民调解中心的通知》，由市司法局局长担任医调中心主任，市司法局副局长、市卫生局副局长、市公安局副局长等领导担任副主任，有关部门的领导担任委员。另外，医调中心配备了专职调解员 5 人、兼职调解员 10 人，聘请了法学专家 27 人、医学专家 186 人担任顾问。其次，加强了医调中心的工作和经费保障，郴州市人民政府办公室于 2010 年 8 月 10 日下达了郴办函（2010）251 号文件——《关于郴州市医疗纠纷人民调解中心有关事项的批复》，郴州市维护稳定工作小组于2011年11月22日下发了郴维稳（2011）17号文件——《关于进一步加强郴州市医疗纠纷人民调解工作机制会议纪要》，都明确要求要保障医调中心调解工作的高标准、长久化建设。现在，医调中心有专门的办公场所，有正式的牌子，有统一的格式文书等。医调中心现有办公面积170多平方米，设有调解室、接待室、办公室，配有电话机、打印机、复印机、电脑等办公用品，安装了空调、饮水机等生活设施，另外还安装了录音、摄像、监控、报警系统等专门设备。

三、机制健全、措施落实。（一）建立健全宣传教育机制，通过各种渠道广泛宣传医调中心的工作。医调中心成立以来，我们利用展板和资料，开展五下乡活动，举办现场医学、法律知识咨询解答会等形式进行宣传；开展了“学法明是非、守法促和谐”、“以调助教、以案释法”等活动；利用《郴州日报》、郴州电视台等媒体平台，利用政法、综治、司法、卫生等系统的简报，大力宣传医调中心的工作宗旨和工作流程，提高医调中心的知名度，取得人民群众对医调中心的信任和认同。（二）认真落实《人民调解法》，完善医疗纠纷调解机制。我们制定了调解首任责任制、接待登记制、限期处理制、讨论会商制、督办回访制等制度，细化调解责任，要求谁主管谁负责，包案调处；对重大疑难纠纷明确领导，责任到人，杜绝了推诿和踢皮球现象，实现了医疗纠纷调解的“三快三勤”，即快受理、快调解、快解决、勤研究、勤督促、勤回访，使调解的公正性、合法性、稳定性得到充分体现。（三）建立疑难医疗纠纷联合调处机制。为了着力解决一批疑难复杂的医疗纠纷和长期积案，我们开展了医疗纠纷调解专项活动，建立了由政法委牵头，医调中心配合，公安、司法、卫生等部门与当事人地方政府以及村（居）委会的领导共同参与的大调解机制，收到了很好的效果。（四）建立重大医疗纠纷主动介入调解机制。医调中心根据特殊情况需要，第一时间组织人员赶赴纠纷现场，进行法律、政策宣传，引导当事人冷静下来，脱离医疗纠纷发生现场的医疗机构，转移到医调中心来协商和调解。（五）建立法律援助机制。市司法局法律援助委员会在医调中心设立了法律援助工作站，为医疗纠纷患者排忧解难。通过法律援助工作，不仅向老百姓传授了法律知识，而且体现了党和政府对百姓的关怀，有利于树立党和政府的良好形象。（六）建立经费保障机制。市委市政府通过专题研究后，决定由财政预算每年40万元专项经费，保障医调中心各项工作正常运转。

四、强化素质、勤政廉洁。调解人员的素质是调解工作的基础。医调中心成立后，非常重视人员队伍的素质建设。医疗纠纷调解工作是新形势下的新产物，面临新问题、新任务、新特点，我们提出了“边工作、边学习、边探索、边总结”的素质建设思路，逐步提高医疗纠纷人民调解员的素质和能力。一年多来，医调人员先后谢绝了当事人送礼 22000 元。医调中心工作量大，调解员除了正常上班外，还经常加班加点。为了调解工作的连续性，经常是吃完盒饭又投入工作，有时调解从上午开始，连续到下午、到晚上，甚至到次日凌晨。有起纠纷我们更是连续不间断调解 36 个小时才达成协议。2012 年，我们按照市委市政府提出的“再创新辉煌”的要求，也提出了重点抓好“六个突出”的工作思路，即：突出自身建设，突出规范调解，突出宣传教育，突出协调配合，突出管理创新，突出平安稳定。以上就是对医调中心近两年调解工作的大体总结，让教授您见笑了。

廖永安：您总结得很全面！您如此认真地对待我们的访谈，实在太感谢了！听说您是从卫生部门退休后，再到医调中心来做调解工作的。

廖祥金：是的。我是从卫生局副局长岗位退下来的，主管医疗医政工作 10 多年，医院发生医疗纠纷，都是我主持行政调解的。那时候主持行政调解，我有行政资源和公权力，特别是对医方不服调解结果时，我会给医院施加点压力，让医院服从办理。所以老百姓认为我处理医疗纠纷还是比较公正的。就我本意来说，我是代表政府在工作，应该要主持公正。所以，每当主持医疗纠纷调解，就必须有公平公正的思想准备。但是，能不能每一次都做到公平公正，还是很难把握。当然如果老百姓认为比较公正，我就很满意了。现在，作为人民调解员以第三方的身份参与调解，完全是另一种状态了。虽然没有了行政资源和公权力，但公平公正的思维不受怀疑了。而且人民调解是要双方自愿申请，才能受理调解；双方愿意接受调解结果才能达成协议。所以现在从事人民调解工作，可用的就是原来的经验。原来的经验也不是万能的，在新形势下新的问题、新的任务面前，还得再认识、再学习。

廖永安：中国人习惯于同情弱者，相比于医院，我们一般觉得患方是弱势的一方，所以容易偏向患者这边。

廖祥金：是的。我到医调中心这两年，确实是尽到了一份责任，自己感觉也很充实。回想起来，当时选择是对的。刚退的时候，有几家民营医院高薪聘请我去做管理；同时医调中心要组建，市里领导也想要我做调解员工作，我欣然选择了组织的需要，发挥自己的优势，为老百姓尽点微薄之力。我认为，在医疗技术上患方处于弱势，但在医闹事件中医院却是很被动的。医疗纠纷的发生，少数是医院或医护人员的责任，多数是误会引发的，当然也有极少数医闹者有意而为的。所以医院、医护人员与患者及其家属沟通非常重要。医疗纠纷发生后医方要主动与患方沟通，消除误会。我们现在所进行的人民调解工作，其实就是给医患双方相互沟通提供一个平台，多给患方一次诉说的机会，让他们把心中的怨气发泄出来，以期达到消除误会，握手言和的目的。所以在医疗纠纷人民调解过程中，法律上，我们会严格执行依法办事，情理上，我们是同情患者帮助患方。

廖永安：我觉得医调中心不仅仅是调解矛盾和纠纷，您还会在调解过程中，对医院管理不到位的地方提出建议，所以调解不仅仅是解决这个纠纷。实际上，我觉得调解组织还存在着职能的扩充。像廖主任您是热心调解的专业人士，既当过（医院）院长，又当过（卫生局）局长，您在调解过程中，发现了医院确实存在一些管理不到位的问题，或者医院与患方沟通不到位的情况，能够跟医院提一些中肯的建议，其实这就是对调解职能的更进一步扩充，有种“润物细无声”的感觉，一些建议潜移默化地渗透进医患的头脑中去，医患双方更容易接受一些。这是我对目前我国紧张的医患关系，从您的一席话中得到的一些启发。

廖祥金：我的这些建议，只供医院参考。主要是根据一些医疗纠纷已出现的问题，我认为可以提示医院参考，如紧急抢救后要及时完善抢救记录问题；严格执行患者的知情权、选择权问题；与本次医疗检查以外的阳性体征要向当事人提示或告知问题；患者拒绝医方治疗方案时，要履行患者本人和家属共同签字问题；医院内部之间对同一病人不同治疗的协调问题；克服急功近利问题；辅助科室检查后要提示患者定期复查或要患者回诊医师问题等。2010 年 4 月，资兴矿务局一生育期妇女停经 30—35 天怀疑自己怀孕，在市某医院看妇产科门诊，门诊医师开具 B 超检查单让其作 B 超检查，B 超医师检查后未发现怀孕特征，就直接告诉这位妇女没有怀孕，这位妇女拿了报告后就离开了医院。一个月后这位妇女发生输卵管及卵巢破裂出血，导致急诊入院治疗，耽误了工作又多花了医药费。这位妇女就认定是医院检查不仔细、不认真、不负责而引发纠纷，要求赔偿经济损失。因此我认为医院 B 超医生应该建议定期复查或要求这位妇女找妇产科原来开 B 超检查单的医师根据病史确定。这些问题实际上是一些小问题，但又是容易忽视的问题，所以我就把这些建议收集归纳起来提供给医院，希望医院能把这些小事情做好、把握好。对就医的患者多问一下，多提示一次，多解释一番，就能免去这些不必要的麻烦。我认为医患关系中，医院是主导方，医院如果做好了各种纠纷的预防工作，很多事情就不会发生。要真正预防医疗纠纷，还是要从医院和医护人员自身做起，把各方面的工作做到家了，医疗纠纷自然就少了。

廖永安：廖主任我觉得你们对医院的这些建议非常好，可以预防矛盾，减少冲突，切实推动医患关系的和谐发展。总的来看，相对于患者而言，医院是强势方，理应多承担点社会责任。

廖祥金：一般来讲，在医患关系中，患方是相对弱势一些。但从医闹方面来看，医院也是处于弱势地位。现在只要出现了医患纠纷，老百姓不明情况，一般都会先认定是医院的责任。其实，大部分的医患纠纷，是由于沟通不好、产生误会引发的。有些确实是医疗事故，也不排除有个别的是患者借事闹事，有些也可能是医闹人员所为。在调解医患纠纷中，我们也经常看到了几个熟悉的面孔。我们就问他们是什么身份，与患者是什么关系。而他们回答的总是“老表或朋友”。多次以后，我们就找他们进行了严肃认真的谈话，说：如果是朋友帮忙来做协调工作，我们欢迎；如果是出坏点子影响调解，那就请他们自重。之后，再没有见到这伙人的身影。在医疗纠纷调解成功后，针对有些特别的情况，我们会通过发函的形式或口头对医院和相关部门提出安全防范措施和工作建议，不断地完善管理和改进工作。

廖永安：廖主任，您说的这个发函，相当于医调中心给相关部门的一个调解意见反馈，这个非常好，可以向市委市政府建议，将它完善成一种正式的调解制度。现在，我们调解了这么多的案子，事实上牵涉到很多部门。调解过程中可能发现很多问题，但没有一个专门的反馈机制。虽然这个案子、这个纠纷是调解好了，但根子上没有改进，以后还会出现同样的问题，发生同样的纠纷。如果把你们这种调解建议反馈机制建立起来，这就是一项很好的社会管理创新。我觉得，你们的建议对于预防、减少同样的矛盾纠纷再发生，是非常有利的。将来我们可以制作一个专门的规范格式，把调解反馈意见、工作改进建议书附在调解协议的后面，发给相关人士。我觉得，法院判决、仲裁裁决都不方便，也不会搞这样的反馈意见，但是我们的人民调解完全可以有这种创新的东西。

廖祥金：是的。我们调解中心是一个人民团体组织，给发个调解反馈意见或建议之类的，不会产生很大的压力，会是一种温馨的提示，亲切得多。

廖永安：你们受理的医疗纠纷，是医院主动申请的多些还是患方主动申请的多些？

廖祥金：从现在情况来看，大多数是患方先到医调中心提出调解申请的，我们受理后再与医方联系。如果医方愿意调解，就约定双方的调解时间；如果医方不同意调解，就把医院不同意调解的理由告知患方，建议患方走其他途径解决，如医学鉴定或司法途径。

廖永安：有没有法院委托你们做的？

廖祥金：有些案子到了法院，法院会建议当事人先到我们医调中心进行调解。通过人民调解，双方没有达成协议后再选择司法途径，法院会受理。就我知道的情况，今年就有四起或是五起是法院建议他们来我们调解中心调解的。

廖永安：就是说在法院受理医疗纠纷之前，先建议当事人申请调解。

廖祥金：一般是在医调中心通过调解双方意见分歧很大又愿意诉讼解决的，再到法院去起诉。

廖永安：我还看到有些材料里面介绍，像一些医疗纠纷可能会发生群体性事件，像这种类型，就是你们主动介入纠纷进行调解的吧？

廖祥金：有一些是这样。儿童医院、明华医院、福康医院发生纠纷，我们主动介入过。2010 年 7 月，儿童医院发生了一起医疗纠纷，接到医院电话后，我和杨科长（律师）就过去了。当时就是带了一个调解员的工作牌去的。到了现场我们就向患方自我介绍，表明身份，说明来意，告诉患方我们现在不是来处理纠纷的，而是来宣传发生了医疗纠纷是可以调解的。人多不能解决问题，争闹也不能解决问题，要双方坐下来平心静气地谈，才能最终解决问题。而且要理智维权，走正规途径维权，用合法手段维权。郴州市医疗纠纷人民调解中心成立时间不长，知名度不大，所以你们也还不很了解。今天来就是想请你们到医调中心去调解，双方讲事实、讲道理、讲证据、讲依据，平等地交换意见，让我们来帮助你们合理地解决与医院的纠纷。你们离开医院现场去调解，心里可能会好受些。同时提醒患方家属和亲友不要过分激动，要控制情绪，既然纠纷已经发生，自己有理就要说理解决，不能发生过激行为。我相信医院或是医生的行为也不是故意的，医院也不愿意发生这样的事，也不想自找麻烦。你们看，为了社会稳定和医院正常工作秩序，促使医患和谈，警察都来了。一番话讲过后，患方不接受也不表态，与医院仍然形成僵局。观察一段时间后，发现患方代表中有位是村支书，应该是个关键人物。我就与这位村支书单独进行了沟通。我问他是家属委托来的还是当地政府委托来的？他没有回答。我就说，如果你是当地政府委托来的，事情没处理好，你怎么回去交差；如果是家属委托来的，你领的头，事情闹大了你怎么收场。你看警察都已经来了，你们的人还是情绪非常激动，在这里不听劝告，不接受解释，高喊大叫、推推拉拉，阻碍医院正常工作，扰乱医疗工作秩序，对来控制局面的警察都进行推拉，万一发生肢体冲突怎么办？我还告诉他，我们医调中心是双方自愿申请调解才受理，不会强迫你们的。现在医院已经口头向我们提出了申请，就看你们是否同意调解了。下午两点半，我们在医调中心等你们。到了下午两点半，医患双方准时到医调中心坐下来接受调解。直到晚上11点多钟，双方自愿达成了经济补偿协议。

廖永安：从你们的实际工作来看，现在我们的人民调解工作，实际上还是主要依靠政府来主导推动的。真正有影响的、一些重大案件的调处，至少是乡镇司法所这一级的工作人员在主持调解。到我们村委会居委会一级，调解的都是很小很小的纠纷了。包括你们医调中心，我看了一下人员组成和组织结构，它是由市司法局局长任调解中心主任，市卫生局、市公安局的副局长任副主任。因此，中国目前调解工作的推动，主要还得依靠政府主导，这个特点和美国是完全不一样的。美国的社区调解，大致相当于我们的人民调解，他们的社区调解员都是志愿者，社区调委会依靠民间资金、公益事业资金的募捐来支撑。

廖祥金：我们医调中心成立之初，也是社会捐资维系工作运转。《人民调解法》颁布实施后，市政府就把医疗纠纷人民调解中心的工作经费纳入了财政预算，每年40万元。在调解中，我们有时会说是人民团体组织，其实是一种策略。有时我们对通过长时间调解，就差一步之遥就调解成功的纠纷，采取以退为进的方法，打破医患双方僵局，说，我们要下班了，你们或下午再调或明天再来。这种策略有时还很管用，双方很快就会表示可以再退让，最后达成协议。

廖永安：这是一种心理学的运用。

廖祥金：我们人民调解工作，首先要对方信任你。要取得对方信任，一要热情，主动与当事人打招呼，关心问候，让当事人在第一时间感到温暖和希望 。二要尊重，耐心听取当事人陈述，尊重当事人的选择，尊重当事人的诉求。三要真心帮助。我们的一言一行要顺着当事人的思路，让当事人感觉我们会给予帮助，是在给予帮助。与当事人沟通讲话要适可而止，意在提醒，不得强求，告诉他们，我们的调解工作，只能是双方基本满意，做不到双方百分之百满意。另外还要凭良心做事，特别是不要亏待百姓。同时还要会察言观色，看谁为头、谁做主、谁最有权威，与其再进行个别沟通。我们的李主任就很会观察，一看就准。在调解中，我们除了尽心尽力尽责之外，还得尽感情。

廖永安：我觉得你们的调解工作很有意思，特别要善于观察。对你们调解室后面的监控室，我特别感兴趣。在这个监控室里，可以看到全部的调解动态，方便在场外察言观色。像您所说的，要找准纠纷过程中的关键人物，看哪个为主为头，就可以针对他，或把他叫到一边单独做点工作。

廖祥金：像这样，调解工作就事半功倍。

廖永安：听您讲的这些，我感觉中国人有中国人的特点。事实上，我们的民众还是希望人民调解组织要带有政府的色彩。中国几千年的崇官文化，这在某种程度上是不容易改变的。长期以来，老百姓总觉得，要有一定的公权力介入，才觉得可靠。要有可信度，就要有政府权力的介入，政府介入了，你说的话，包括你的调解建议才能够算数。

廖祥金：有这样的心理。他们觉得政府参与了，达成的协议才有执行力。(他们）主要的担心是兑现不了（协议)。我们的调解中心虽然叫人民调解，实质上是政府办的。

廖永安：包括我们的仲裁，也讲是民间的，但实质上还是政府法制办主办主导的。廖主任您对调解的内容谈了很多，能不能请您详细地介绍一些调解经验和技巧。

廖祥金：说到调解经验和技巧，其实也没有什么好谈的。因为调解工作要因人而异，没有什么定式。前面我已经讲过，除要取得双方的信任外，我认为就是如何引导的问题。怎么具体引导，要具体情况具体对待，要在与对方的交谈中把握机会。

一般情况下，是要靠宣传政策、宣传法律来引导，让当事人明事理、辨是非、讲道理、讲事实、讲证据、讲依据。引导当事人从“闹”的思想状态转变到“调”的正确思路上来，用正确方法，走正规途径解决纠纷。

对待老年人就要安抚性引导。先顺着老人的气，附和老人的思路，耐心地听、认真地听，充分尊重老人，让他把心里话或怨气尽量吐出来，减轻老人心理压力。再根据老人的想法和要求慢慢地开导。还可以从老有所养、老有所乐，与子女共享天伦之乐等方面进行宽心和沟通，讲一些老人愿意听、容易接受的话语，与老人产生共鸣，赢得老人的信赖。

对待有点“霸蛮劲”的青年人，主要不是引导而是点醒，话语可以重一点，也可以有点带“刺”的味道，用活生生的现实点拨青年人认真回味思考。在我的接待来访中就有这样一位青年人，听信了3000元包治某某病的承诺，用了5000元还没有治好“包治的病”。医院说要治”包治的病“还得继续花钱，他就不想治了，要求医院退钱又遭拒绝，心生一腔怒火。他一开口就讲，要找一帮人去吵去闹去打架，把钱要回来；然后又讲要喊一些老爷爷、老奶奶去静坐，把钱讨回来；另外就是请媒体去曝光，把钱退回来，就是不接受调解的劝说。这时我就说他没本事。他听到后很是惊讶，反问我：“这话怎么讲”。我说，你如果有本事就不会为3000元的事找到这里来；如果你有钱就不会为这3000元钱自找麻烦；你请老人去静坐要钱也要花钱，而且不道德；你请人去打架要钱要花更多钱，而且那是违法；如果你请的人砸坏了医院财物设备、打伤了他人，公安部门就会抓人治罪，你还得花钱去赎人。想用蛮办法对付医院，倘若医院与你对着来你怎么办？医院的实力比你强，用霸蛮的办法你搞不赢医院，最终吃亏的是自己，受伤害的还是自己。一旦你申请调解，至少我们还可以帮你说话。青年人听了后提出了调解申请。我们与医院联系，医院也愿意调解。最终医患双方在医调中心接受了调解，达成了和解协议。

对待有些索赔金额较高的当事人或家属就采用降低期望值（的方法）来引导。首先肯定他们的心理诉求；再告诉他们调解要双方愿意，你们的诉求要医院接受。如果医院接受了，那是皆大欢喜的事；如果医院不接受怎么办？是不是可以降低诉求、降低期望值，逐步做到心理平衡？

对待医院方面，我们就会从诊治过程、行为规范、服务措施、医疗安全、技术质量、人员资质、操作规程、告知义务和医院管理等方面同医院一道进行讨论分析，听取医院的合理解释，指出医疗过程中存在的问题和医疗缺陷，提出改进的建议，供医院参考。

有时候，我们听取双方的陈述后，在现场双方争执不下的情况下，会采取“背靠背”的方法，分别做双方的沟通工作。一般情况下，先与患方沟通，要表明几层意思：第一，你们的诉求能不能降低？第二，既然是调解，双方都要让步的；都不让步，我们是调解不成的。第三，你的期望值不降下来，对方会感觉你的诚意打了折扣，我们做医院的工作也就增加了难度。第四，如果调解不了怎么办？下一步怎么走，有没有更好的办法？是进行医学鉴定还是打官司？你把你的想法告诉我们就行了，我们也就好给你传话了。第五，咱们换位思考，医院或医生也不是有意的，医院和医生也是不想发生这样的情况。第六，不管你走什么途径，用什么办法，最终还是双方坐下来谈判才能解决问题。只有耐心地、反复地坚持做好当事人的思想工作，只要当事人愿意接受沟通，就有信心促成双方达成协议。

在计算经济补偿标准时，我们是以《医疗事故处理条例》为基本法律依据。没有进行医疗事故鉴定的纠纷，我们的说法是适当的经济补偿，通过鉴定定了医疗事故的才叫赔偿。在调解中，对双方陈述的意见，我们一般不做评判，只有在模糊责任的前提下做双方的工作时作参考，只要我们心中有数就行了。

廖永安：廖主任，非常感谢您！您是老资历了。您能不能给我们推荐一下，看看您身边还有没有从事调解工作很多年、经验特别丰富的调解能手，我们也想去找他们谈一谈。回去以后，我们想把对你们的访谈整理出来，专门出一本

《如何当好调解员：人民调解能手访谈录》。

廖祥金：我非常愿意配合你们、一起来做这个工作，也请你们配合我们一起做医疗纠纷调解。我们这还有几个司法系统的调解员，我认为他们的调解工作做得好，做得扎实，很会做工作。不过据说他们已经被重用了，已经提拔到领导岗位上去了。

廖永安：哦。所以调解经验的总结工作还只能由我们这些人来做。

廖祥金：说到这里，我也谈一下我们这个医调中心后继有人的问题。我觉得到医调中心来做调解员，第一，要有热心，愿意做这项调解工作；第二，要有一定的专业和经验；第三，要有不计名利的奉献精神；第四，要有良好的身体和精力。我们这些人退下来后，做点力所能及的事，为社会奉献余热也是应该的。但是有能力、有学历、有事业心的青年人能否在这里安下心来，这有待各级组织的精心培养。

廖永安：你们五位专职调解员都是退休人员吗？

廖祥金：李主任和曹主任是到了退休年龄退休的，杨科长（律师）、陈主任（律师）和我是未到退休年龄提前退休的。

廖永安：哦。时间这么晚了，那我就不打扰您了。廖主任，非常感谢您！

坚持“四部曲” 做到“五快三勤”

——调解能手李德泉访谈录

李德泉，1968年1月入伍，中国人民解放军28军83师247团政治协理员；1984年转业到湖南省郴州市公安局工作；1985年调入市政法委工作，1992年任郴州市政法委委员、政法机关党委书记；1995年12月任郴州市司法局党组副书记、副局长、市劳教所第一政委、正处级、三级警监；2008年10月退休；2010年9月1日至今，任郴州市医疗纠纷人民调解中心主任。

访 谈 人：陈双喜，湘潭大学法学院副教授

被访谈人：李德泉，郴州市医疗纠纷人民调解中心主任

时 间：2012年7月27日上午

地 点：郴州市医疗纠纷人民调解中心

陈双喜（后文简称“陈”）：李主任，您好！这个星期一，我们访谈了你们医调中心的廖副局长。今天您出差回来了，我们想请您跟我们谈谈您的调解经验与感受。

李德泉（后文简称“李”）：好的。在我们郴州市，医疗纠纷人民调解中心正式挂牌的只有两家：一家是我们这里，一家是在桂阳县。嘉禾县前不久准备到我们这里来学习考察，因为我不在，所以推迟了。星期一，老廖对于我们中心的

工作情况已经做了全面的汇报，他讲过的内容我就不讲了。今天，我主要是谈一些自己的感受。

我们郴州市医调中心于2010年正式挂牌成立，市委市政府非常重视，从组建工作到中心的成立开展工作，市委市政府都非常重视，帮助我们解决了很多实际问题。中心成立近两年的时间里，深刻体会到任务重、责任重、困难多、压力大，特别是医患矛盾纠纷来势快、来势猛。据我了解，我国原来在征地、拆迁方面接受群众信访的事例是比较多的，现在又出现了第三种，就是医疗矛盾纠纷比较突出。这个纠纷要是不处理好，直接影响医院正常工作的开展，影响病人的治疗秩序，更重要的是，影响了社会纠纷化解的效率和党在人民群众中的形象，进而引发许多的社会问题。我讲这些，主要是突出医患矛盾纠纷化解问题的重要性、突出性、迫切性。至于我们是如何开展工作的？除了我们调解员老廖汇报的情况，我简单地谈点我自己的体会。

首先，我想谈谈当好人民调解员应该具备的条件。我认为，除了政治思想、业务水平、组织能力和工作作风外，还要具备五个能力：第一个是观察能力，第二个是分析能力，第三个是协调能力，第四个是决策能力，第五个是承受能力。我专门讲一下承受能力，因为我们面临着两个问题：一个是患方的不信任心理。在我们中心成立以前，原来的医患矛盾纠纷主要是卫生行政部门来主持调解，或者是医患双方私了解决。因为卫生行政部门主持的调解，原来在社会上有一些不良的影响。患方认为，卫生行政部门和医院，是老子和儿子的关系。所以一开始他们很不信任我们医调中心的调解人员。第二个就是患方通常采取的解决纠纷的方式问题。他们总以为“大闹大得、中闹中得、小闹小得”，一出现医患纠纷就是闹，认为闹了以后才能得到好的解决。他们看到“郴州市医疗纠纷人民调解中心”的牌子很大，就说，如果你不解决，他们就撤了你的牌子。而且，一开口，往往是“没有一百万（不行），几十万你不要跟我谈”。所以一出现矛盾，就让人感觉压力很大。再一个，就是患者家里人动不动就要抬着（患者）尸体到市政府门口闹事，到省里上访，他们这么做，一来是给你施压，二来就是不相信你。就患者而言，特别是（来自）农村的，他们在两个方面完全不懂：第一，他们对医疗方面完全不懂；第二，他们对法律政策方面也完全不懂。我们中心的几个专职调解员，有两个当过医院院长，有个原来还是卫生局的副局长，另外两个是律师、市司法局的科长，所以在医疗问题上，我们会给他们解释。但是他们不容易相信，他们认为你是站到医院的角度在做调解。比方说原来一个因为割肾引起医疗纠纷的案子，患者家属完全不听我们的解释。他不满意医院赔偿，冲着曹副主任说，“你的肾割下来给他（“他”是指患者——编者注），我给你60万，行不行？”我说，我们人民调解又不收一分钱，是真心地想帮助你们找出解决（纠纷）的办法。但他们并不理睬。还有些医疗纠纷死了人的（案例），他们披麻戴孝地跪在你面前，要你解决问题。所以，你要是没有很强的心理承受能力，确实是容易出问题的。除了心理承受能力，还要有很好的身体承受能力。中心成立近两年时间里，我们调解的100多个案件中，我讲几个典型的。有一个纠纷我们连续36个小时没睡觉，还好我是政法部门出身，长期这样工作。还有个是一个手足口病的纠纷，我们连续6天3夜进行调解。因此，医调中心的调解工作，非常考验人的承受能力。

其次，就是在工作的指导思想上，要做到六个突出。我开始讲了，原来医疗矛盾纠纷一般是私了，或者是卫生行政部门出面调解。医调中心还是一个新的机构，处于摸索阶段，我们的工作第一个要突出管理创新，第二个要突出行业特色，第三个要突出调解的优势，省时、省钱、省力。调解好了，签完协议就履行。打官司不一样，往往要经过一审、二审、再审，再来履行。很多纠纷是折腾完了，结果还没有能力履行。调解不一样，这是双方自愿的。就像卖西瓜，一斤西瓜一般卖一块五，结果有人出二十块一斤，这个人肯定就抱着西瓜走了。第四个就是突出服务宗旨，突出公正精神，公平合理。第五个突出和谐要求，双方不伤感情、不伤社会和谐。第六个要突出自身价值，突出调解员的自身价值。

再次，我说说工作的方法。关于我们的工作方法，我的体会主要有这么几个方面。我们要坚持“一二三四五”的工作方法、工作思路。一“融合”，就是要情理法相结合。为什么呢？比如我们在处理医疗纠纷的过程当中，《医疗事故处理条例》是2002年出台的，现在《侵权责任法》又出来了，但《医疗事故处理条例》并没有废除。所以，到底应该按哪个标准计算赔偿，这是一个大问题。从全国范围来看，《侵权责任法》已经正式实施了。但从我们的案子来看，医院方面还是习惯于按《医疗事故处理条例》来处理。因此，要结合具体的情况，结合情理，在有些方面与医院作好沟通来进行赔偿。二“凡是”，就是凡是来咨询、来申请调解医疗纠纷的人，我们一律热情的接待；凡是双方愿意通过调解来解决纠纷的，不管难度大小，我们一律受理并尽力调解。三个“不”，不躲不推不吵。“四部曲”，“一听”“二劝”“三沟通”“四调解”，争取做到认真听、耐心劝、反复沟通、公正调解。“五个心”，即：热心、爱心、细心、公心、信心。为什么提到“信心”呢？前面我讲的那个6天3夜拿下的手足口病的纠纷，这就是对信心的一大考验。很多纠纷，拖久了事情就复杂了，所以调解人员内心要有“这个案子我能很快就调解好”的信心。当然，在具体的调解过程中，要晓之以理，动之以情，调之以据。这个“据”，就是调解结果要有政策法律方面的依据，做到入情、入理、入法、入心调解。

陈：李主任，“五个心”中的“公心”，具体该怎么理解？

李：“公心”，就是要有一颗公正的心。比如有一起案子，2003 年 10 月 15 日，一个退休的男性，由于呼吸困难，胸口痛，到北湖区妇幼保健院看门诊。在门诊过程中，由于病情恶化，保健站就拨打 120 电话，将他转交到其他的医院进行治疗。几分钟以后，120 救护车来了，把他接到另一家医院进行抢救。30 分钟以后，患者因抢救无效死亡。死者妻子，6 个月以后找医院，理由是保健站抢救不及时，导致她丈夫死亡。死者妻子多次找到市人大、市政府、市政协、市卫生局。我们挂牌以后，上午挂牌，她下午就来找我们了。她要请我们吃饭，还要送我们一万五千块钱，被我们拒绝了。通过我们多次做工作，耐心沟通，并与妇幼保健院的领导进行了一些沟通商量。后来，我们通过她女儿对她做工作，这个历时 7 年之久的多次上访案终于解决了。保健站大概补偿了她一万来块钱。所以，调解要用热情接待当事人，用感情融洽当事人，用真情帮助当事人，用法理情劝说当事人。在调解过程当中，思想工作要做细，道理要讲透，政策法律要讲明。

最后，人民调解工作的准备工作要扎实。我认为，调解前的准备工作扎实，是做好人民调解工作的关键。准备工作做好了，调解工作才能扎实。在受理调解申请的过程中，第一个要学会洞察当事人的申请理由。第二个要搞清纠纷发生的原因。第三个要了解双方的主要分歧和不同意见。第四个要有政策法律依据。患方来找我们的时候，基本上就是已经在医院里“闹”了一下的。和看病一样，我们调解也要掌握好情况、理清好头绪、沟通好信息，要达到心中有数的程度。如果我们介入的调解时间，是在医患纠纷刚刚发生后，则要做到“五快三勤”，因为医疗纠纷跟其他的纠纷不一样，通常是人死了。人死在那里，你不马上处理怎么好办？所以，要快受理、快调查、快调处、快化解、快履行，这就是“五快”。另外，就我们中心的调解工作来讲，还要做到“三勤”——勤研究、勤督察、勤回访。此外，我们还做到了通过对相关政策规范的讲解来进行疏导；通过对基本的医疗知识的讲解来消除患方的误解；依据法律法规来平纷止争；通过司法确认制度来赋予人民调解协议法律效力；通过做工作免费解决好患方后续治疗保养方面的问题，避免再发生诉累，促使医患纠纷的调解达到公正性、经济性、合法性的统一。

陈：您对医患纠纷的调解经验总结得非常细致。

李：对于人民调解工作的体会，我平时归纳了几句话：第一句话在人民调解工作中，心平气和加微笑。不管遇到什么事情，都要做到心平气和的，都要保持微笑，让当事人在这里感觉到很温暖。第二句话，耐心劝说加引导，讲明利弊加事例。要用具体的事例来开导、说服当事人，通过耐心劝说，引导当事人解决问题。第三句话就是动情晓理加礼让。患方来了之后，特别是一些还带了一些老太太、小孩来的。对于老太太来说，她家里儿子死了；对于妻子来说，丈夫死了；对于小孩来说，爸爸死了。对于这些人的事情，我都自己亲自处理。我带他们到办公室里，给他们倒茶，问寒问暖，安慰他们。在调解的过程中，如果她们来的时候，我们正在这里吃盒饭，就先安排他们吃饭，买盒饭给他们吃。有些人，家离我们这里比较远，如果不一次性给他们调解好，他们跑来跑去会很麻烦，所以我们就尽量争取一次性调解好。总之，用法理劝说当事人，用情理化解隔阂，引导当事人学会换位思考，让医患双方互让互谅，最后达到握手言和的效果。

陈：李主任，您的调解工作非常人性化。

李：另外，在调解过程当中要注重六个方面。第一个坚持原则，公正调解。认真贯彻自愿、依法调解的原则，尊重当事人的诉讼权利，保持调解过程的“三性”——民间性、群众性、自治性，充分发挥调解工作的灵活性。第二个坚持人文关怀，友情调解。在调解过程中，不仅要考虑法律方面的问题，同时也要考虑社会道德层面的问题，以及社会广大群众对纠纷处理结果的认可问题。所以，在调解过程中，我们基本上还是按照《医疗事故处理条例》来处理纠纷的。但由于国务院公布的《医疗事故处理条例》是2002年颁发的，在实践问题上、在客观问题上，特别是在赔偿问题上，如果患者死了，按“条例”处理，患者亲属接受不了，所以我们就只能就其他方面和医院进行沟通，调和医患双方的差距。第三个坚持运用技巧，进行灵活的调解。当事人到我们中心来，我们第一是让座，第二是倒茶，第三认真地听，第四调解。这是一个以情感人的方法，让那些人刚刚到中心来之后，就感到像是一个家庭，有一颗温暖的心，有一个希望。再一个，是“面对面”与“背靠背”的调解方法要结合运用。我们现在基本上是采取这个好方法。在调解过程中，双方当事人先坐下来进行陈述，陈述完之后再分开，进行背靠背的调解，分别征求双方的意见。经过了面对面、背对背调解，再面对面地谈，基本上就会达成一致意见。第四个是坚持走出去进行调解，主动找医院进行沟通。进行多次沟通后，就能达成基本一致的意见。第五个是建章立制、规范调解。我们完善了四个程序，即受理、调解、回访、立案归档程序。从全省范围来看，我们还是做得比较好的。第六个就是“五心”，接待咨询要热心，解析问题要耐心，对待工作要细心，服务医患要诚心，奉献社会要真心。还要依靠有关部门的力量，形成有效的工作合力，加大调解的力度。我个人的调解经验，基本上就是这些。

陈：李主任，谢谢您。您对调解工作总结得非常全面，非常细致。另外，您能不能给我们讲讲，您在调解过程中面临的主要困难有哪些？

李：好的，通过前段工作，我觉得现在我们医调中心调解工作主要面临六大难处：

一是自组建以来，我们这里历史遗留的医疗纠纷案件非常多。原来这一块并没有专门的人民调解机构，老百姓对卫生行政部门和医院都不信任，接待信访的部门任务杂而重，一些案子没解决就积压下来，引发了很多的遗留问题。我们市里原来有个拖了13年的医患纠纷案子，从第二任领导转到了第三任领导，后来又转到了现在第四任领导手上。医调中心成立后，市里就把案件送到我们这里来解决。它的主要情况是这样的：找我们的是患者的二哥，他的一个弟弟，被一个人从高处推下来，摔伤了。之后，肇事者被判了刑进了监狱，但是这个案子的刑事附带民事部分，因被告无能力赔偿，所以民事部分一直没有得到执行。他弟弟摔伤后，就送我们市中心的人民医院治疗，因为始终无法得到赔偿，所以交不起（治疗的）钱，就跟医院产生了纠纷。他父亲原来是参加过抗美援朝战争的。现在，他母亲跟父亲都死了。大哥哥大学毕业后得了精神病。他是老二，四十五六岁仍没有结婚。老三结了婚，在广东打工。老四，他这个小弟弟，躺在床上不能动已经十多年了。他是一个老上访户，来到市里到处找各部门的领导。前一阵子，他到了我们这里。通过多次做工作，与他进行沟通协调，跟医院进行协调。医院这一方面其实并没有过错，根据患者的家庭情况，出于关心，还是给了他几万块钱，最后帮他解决了问题。所以，医院里面有些事情也好难处理的。你看我们那留言本上面记录的那些，看看他们是怎么讲的。

还有一个纠纷，是1998年的案子了。患者当时还在读小学，得了精神病，然后到精神病院去治疗。由于设备方面的原因，转到了市人民医院住院。他从医院出院后，在家里把他奶奶杀死了。杀死了以后，公安机关对他进行了教育，又做了医学鉴定，鉴定他仍有精神问题，因此没有受到刑事处罚。后来他一直待在精神病院，精神病院也不敢放他出来，怕他出来之后对社会有危害。他家里也没有钱，医院要他家交治疗费，他家里就和医院一直推来推去。今年，我们中心受理了这个案件。医院说，他在医院吃饭不交钱、治病不交钱，医院承受不了。我们跟县里面商量，准备让医院免掉一些费用，再让政府和医保局都拿出一些钱，给予救济。这个案子处理起来确实比较难，他现在20多岁了，不知道以后怎么办，关键是下一步该怎么治疗。我们这里遗留的案件，从2010年算起，大概有20多起，这是一个比较头痛的问题。

二是患者死亡案件。患者死亡的案件，目前来说确实难处理。患者死亡后，患者家属要把尸体放到医院，医院就采取措施，要把尸体送出医院。我们现在手上有一个华塘镇的案子。那里的卫生部门、行政部门到我们这里来了两次。从去年1月20号到现在，这个问题还没有处理。医院的遗体冰冻管理费一天200多块钱，迄今为止光这项就要十几万了。死亡案件的问题解决起来确实比较难。人死了以后，医院即使没有过错，家属也仍要把死者丢在那里，不再去管了。他们要求医院给他们免掉各方面的费用。而医院本没有过错，病房也没那么多，所以医院也有些难。

三是解决后续治疗的问题难。我们调解了原来的矛盾，又要解决好患者后续治疗的问题，这个比较难办。我们这里有几起比较难的，患者没有治好病，他不管你医院有没有过错，反正没有治好就要找医院，就产生了纠纷。这个也确实比较难办。

四是家庭经济困难的患者与医院发生了医疗纠纷的案子。患者交不起医药费，我们只好通过法律援助，帮他解决问题。

五是令我们最头痛的，也是最麻烦、最消磨时间的，就是赔偿问题。现在患方往往都请了一个律师，律师都要求按照法律条款全额索取赔偿，但患方又不愿进行医学鉴定和诉讼，针对死亡赔偿问题，存在从几十万到几万的赔偿额差距，具体该如何把握的问题相当难处理。当然，我们调解的150多起案子，基本上还是按照法情理融合的方式来处理的，医患双方基本满意，没有上访、诉讼，全部履行协议。

六是医患双方本来已经私了的案子，又要求我们来处理。现在已经到我们这里反映，要求重新处理的就有6起了。对于已经私了的案件，我们这里一般不受理，当然，你不受理，他就选择上访。所以我们这里有明确规定，这种事一般不准私了，但赔偿在一万元以下的可以私了，一万元以上的不可以私了。我觉得医调中心面临的难处主要就是这些方面。

陈：上次廖副局长给我们大致介绍了你们医调中心的人员情况，能不能请您再给我们详细地谈一下？

李：好的。我给你讲一下我们的基本情况。我们这支队伍很大，但大多数是兼职，兼职的人员一般不用管事。专职的人民调解员有5个，来自于两个系统单位，一个是政法部门，一个是卫生部门。5 个专职人员都退休了，（退休前）基本上都是单位领导。我叫李德泉，原来在市政法委工作，后来到市司法局任党组副书记、副局长，正处级，三级警监。另一位副主任，原来是卫生局副局长，党组成员，副处级，当过医院院长。第三位是市司法局法制科的主任，正科级。第四位也是市司法局的，监狱劳教科科长，律师，正科级。还有区卫生局的老廖，是副局长，也当过医院院长。我们的兼职调解员有 10 个，来自于医学界、法学界与行政部门，并建立法学、医学专家库 213 人。

陈：李主任，你们这里的兼职调解员是怎么参与医调中心的工作的？

李：兼职的调解员平时都在自己的岗位上工作，他们主要来自卫生界、法律界，比如说律师、公证员等。在我们这里的兼职调解员，一般是挂职的，如果需要他们研究问题的时候，我们就叫他们来探讨。现在，这种情况一般不太多。

陈：这些兼职的调解人员，是他们自己申请的，还是你们招聘的？

李：基本上都是招聘的，是市司法局聘的。还有一些是司法局法律人才库里的人，有 27 个，还有市医学专家库的专家，有 186 人。不过，我们调解时基本上（对他们）需要得比较少。

陈：所以，医调中心对医患纠纷的调解，一般还是由你们这 5 个专职的调解员来调解的？

李：是的。如果需要兼职人员的协助，我们一般可以调动，请他们过来。不过我们中心组建两年时间，实力也比较强了。现在调解医患纠纷的话，我们 5 个人中，有卫生局的领导，医院的院长和律师，对医疗这一领域是比较熟的。有些案件需要各部门联合调解，比如说大调解的问题，调解的成效与调解人员的专业知识有很大关联。像乡镇的党委书记、镇长，特别是村里面的书记、主任调解员，还有司法所助理员等，他们比较有沟通能力。如果有需要，还可以联合县（市）区里的领导、乡里的领导、村里的领导都一起来做工作。特别是针对村里面的当事人，他们来了容易进行沟通。尤其是来自乡里的案子，我们都是召集乡里村里的领导一起来做调解工作，效果很好。

陈：前面您讲到一个“建章立制、规范调解”的问题，好像包括了受理、调解、回访、建档四个程序，那么医疗纠纷的调解过程具体是怎样进行的呢？

李：首先是接待工作，与当事人进行沟通，对他们的法律、医学方面的咨询进行解答。我们这里有 30 几起案子，通过咨询以后，他们就不打官司了。一般接待患方时，我们会从医学、法律方面给他们分析案子。当他们听了我们的分析，了解到自己如果打官司，可能不会有利时，就不会再选择打官司了。我们了解了患方这边的情况，然后与医院有关人员——像医院医务科的人员、主管院长——联系，告诉他某人什么时间因为什么事情在我们这里提出了调解申请，如果他同意沟通，我们就可以进行调解。通过与患方的交流，如果了解到他们提出的要求确实合情合理，我们就会与医院沟通。大致有些眉目了，我们就组织医患双方面对面进行调解，商量调解协议的一些细节问题。调解协议签完以后，就要兑现、履行协议。接着就是回访。当然，不可能每件案子都回访。只是那些比较重要、意义比较大的案子，就需要回访，看看是否有新情况发生。现在我们解决的一百多起案件，都没有出现再上诉、再上访的情况，也没有一起协议没有兑现。我们的执行率达到了百分之百。最后就是归档。这些案子经过咨询、调解、兑现、回访之后，就是归档。此时，这个案子的调解就结束了。大概就是一个这样的程序。

陈：哦。还要请教您一个问题，那种调解不成功的案件，主要原因是什么呢？

李：不是不成功，而是没有达成协议。第一个主要的原因是（医患双方）对纠纷事故的认定有分歧。比方说我经手的一起案子，患方认为这个病（没治好）是医院的问题，医院却认为不是医生诊治出了问题，而是别的并发症引起的问题，双方同意医学鉴定的，即使没有达成协议，我们的调解也算是成功的。第二个原因就是医患双方在赔偿数额上有分歧。如果数额有大的分歧，双方进行诉讼。第三个原因是关于医院器材方面的。医院器材，是医院与第三方签订合同，由第三方提供的。我们这有几个案子，都是钢板断了引起的。医院说是产品（质量）的问题，是第三方的问题，患方应该首先跟产品的生产厂家要赔偿；患者说“不是我去进货的，我是在医院治疗时装的钢板，我要先找医院”。此情况要先由医院与器材供应商协商。

陈：李主任，你们的案子签了协议后，当事人都会去申请司法确认吗？

李：目前没有。现在法院、信访、卫生、政法委、维稳办，对我们的评价非常好，因为我们调解一起，成功一起，没有再信访、再诉讼的情况，也没有到法院去申请（司法）确认的。当然，我们的调解中心才成立两年时间，今后可能会遇到这种事情。但我认为，就像我之前跟你们汇报的一样，如果我们的调解做扎实了，做细了，就好了。从我们目前（的情况）来看，不存在这个现象。

陈：还有，您刚才讲到一点，调解过程中会遇到家庭经济特别困难的患方，您会不会对弱势一方的利益给予特别的照顾？

李：这个是难免的。比如在人民医院有一起案子，当事人的老公因为癌症死亡了，她又是下岗的，又有两个小孩在读书。她老公在医院里死了，欠了医院两万块钱医药费。因为在医院里死亡的病人，要办了出院证才能出院。她根本没有钱，也就没有给老公办，医院财会那里也就结不了账。这个事拖了有几年，医院最后到我们这里来找解决办法。因为她家里确确实实困难，我们就跟医院商量，问医院可不可以给予救助，后来就达成这么一个调解协议。最后，患方也满意了，医院的账也结了。另外有一个案子，患方家里确实很困难，按照医疗纠纷事故处理，实际的赔偿只有八万块（钱），我们就根据具体情况，要求院方再给予（患方）一点精神上的补偿。我们调解的案例也有不少是这种情况的，假如按照纠纷事故处理只有八万块钱，就另外再给予一两万的补偿。我们医疗纠纷调解中心，同时还挂了一个“法律援助中心”的牌子。我认为，这个“援助”包括两个内容，一个是经济上的援助，一个是医学、法律上面的援助。我下一步想把民政部门也列到领导小组成员来，从民政救济问题来解决经济困难的患者的一些问题，这样也比较合情合理。总不能总叫医院赔了钱后，又叫人家补偿。实际上，我们要做通医院这样的工作，是很难的。但民政部门本来就有这一块的职能，比较名正言顺。

陈：李主任，再向您请教一下，您感觉信访制度对您的调解工作有哪些影响？

李：我们医调中心平时与信访部门、卫生部门、法院沟通联系得比较多。医患纠纷方面的案子，行政部门、卫生部门都会介绍到我们这里来解决。现在，如果有患方到卫生行政部门、到信访局、到政法委去反映医患纠纷的情况。这些部门接待后，了解情况，他们只是做记录，做证人工作，而不会写某某某处理。再说法院，我们调解好的医患纠纷，如果没有新的问题，法院就不受理了。出现了新的问题，法院才会受理。我们本身把工作做好了，医患双方都是愿意才签的协议。而且，我们还有回访制度。要是回访发现了新情况，有这个苗头，我们就会再做工作把它解决下来。目前我还没接到回访时发现新纠纷的案件，因为当事人基本上都满意。当然，有个案子，家里三兄弟在签协议的过程中开口要十万，我们调解后达成的协议里写的是八万，是有一定的差距。但总的来说，最后他们虽然不是全部满意，但还是会签字履行协议。

为什么现在医患纠纷会这么多呢？我认为，第一，农村医疗改革，村民都有医保了。第二，村民有医保，不住院不能报，所以老百姓就选择住院。第三，医院存在以下问题：环境跟不上，床位不够，专业设备跟不上，专业技术跟不上，服务态度跟不上，这是产生纠纷的主要原因。现在医院太看重经济效益，医生的思想、作风有些问题，医院在管理上、质量上也有些问题。我们发现了一些问题，也给医院提了建议。其实很多就是医生的服务态度出了问题。有个人从县中心医院，专门转到市医院，市医院的医生说没问题，结果没过一天人就死掉了。这个医生就这么马虎。再就是在治病过程中，医患双方沟通也比较少，比如说医院有个案子，患者手术之后，医生说手术很成功，结果不到5个小时患者就死了？患者家属就接受不了，他说“你医生不是说开刀很成功吗？既然开刀很成功，为什么我的人不到5个小时就死了。”患者家属当然很难接受这种情况。其实对于这种情况，医生应该讲清楚：患者的手术目前来看是成功的，但病情还在进一步观察之中，因为在医疗问题上没有绝对的东西。第四，社会风气的问题。现在社会上流行“大吵大闹大解决、小吵小闹小解决”的观念，认为出了医疗事故，只有把事情闹大了，才能拿到满意的赔偿。我就知道，我们郴州市有患方专门雇人来闹事的情况。患方请人来，一天一百块钱，一包芙蓉王烟，一餐一个盒饭，雇人就在那里吵，发现后进行教育纠正。

陈：你们是为社会做了大贡献了！

李：我们已经到这个年龄，整个市政府那么多退休的人员，为什么叫我们到这里来工作，这是出于对我们的信任。再说我们都是一些老党员，也想为社会做一点贡献。特别是调解一些案件的时候，虽然30多个小时不休息，但调解完之后，心里面很有一种成就感，感觉很舒服，觉得自己还有一点价值。我原来当局长的时候，认识的还只是一些官场上的人。现在周围好多居民，还有其他人，他们都认识我。中心成立以来解决了三难，一是医患双方沟通难，二是患者投诉难，三是行政部门调处难的问题。我认为领导重视是关键，队伍素质是基础，部门配合是力量，经济是保障。

陈：李主任，你们都是从卫生行政部门、政法部门过来的人员，在调解过程中，老百姓对你们信任吗？

李：在调解没有达成协议前，的确有很多这样的人。2010年中心刚成立的时候，这样的当事人比较多。后来，我们帮一个当事人把问题解决了，当其他人家里有同样的情况发生时，这个当事人就会介绍，让他们去医调中心找李主任。这样就起到了宣传作用。现在情况越来越好了，我们的透明度、信任度比过去强多了。中心被社会群众称为社会和谐稳定的调节器、政策法规宣传站、患方依赖的娘家人。

陈：李主任，在你们的调解过程中，患方当事人和医院，哪一方更难做说服工作呢？

李：在事故责任的认定、事故责任的大小问题上，患方更难被说服。在赔偿问题上，叫医院拿钱出来，医院就比较难说服。总的来说，医患双方协调，工作量大，今后需进一步探索总结提高。

陈：您做的是很有价值很有意义的事情！李主任，感谢您百忙之中抽时间来跟我们聊，你们这种敬业精神很值得我们晚辈学习！谢谢您！

法律要讲清　道理要说明

——调解能手戴晓春访谈录

戴晓春，1981年参加工作，先后在永兴县农业局、永兴县委落实政策办公室、永兴县人民检察院、永兴县鲤鱼塘镇人民政府、永兴县司法局工作。现任永兴县司法局党组副书记、副局长，永兴县社会矛盾纠纷调处中心办公室常务副主任。曾获“郴州市人民满意政法干警”、“全国人民调解能手”等荣誉称号。

访 谈 人： 廖永安，湘潭大学法学院教授；邓春梅，湘潭大学法学院副教授

被访谈人： 戴晓春，永兴县司法局副局长

时　　间： 2014年4月22日下午

地　　点： 郴州市永兴县司法局

廖永安（后文简称“廖”）：戴局，我们知道您是全国人民调解能手，这个调解能手是哪年评的？

戴晓春（后文简称“戴”）：2012年。

廖： 你们郴州推了不少“全国调解能手”。

戴： 我知道三个。我，临武司法局的曹元球，市医调委的李德全。

廖： 获评“（全国）调解能手”很不容易！有两个问题我特别想跟您谈一

谈，就是您从事调解实践工作这么长时间，作为调解能手，您能从自身真切感受谈一谈，我们在调解过程遇到的困惑有哪些吗？尤其是《人民调解法》颁布实施已经三年了，几年来，基层调解遇到的最大的困惑是什么？

戴：我是分管指导人民调解这项工作的，对这块我真有一些感触。如果从乡镇司法所所长算起，有20多年了，做的时间算是最长的了。我们从事司法行政这一块的发展进步空间不大。从指导角度讲，我们的重视还不够。首先就是《人民调解法》颁布之后，基层调解组织对《人民调解法》的宣传做得还不够。我们局里每年安排上半年和下半年两期法律宣传，但针对平常的一些案例的宣传，或者是对人民调解员的一些工作的宣传比较少，知晓面不大。其次就是对基层调解组织的建设、管理还不很到位，特别是村级调委会，有的地方村调委会只有一个人，兼任调委会主任。最后就是调解员的身份这一块没有解决好，没有调解员职业遴选、晋升机制，调解员队伍不稳定，整体素质不是很高。他们的工作热情也不高，缺乏足够的激励制度。因为他们不像其他的国家工作人员，有一个社会认同的身份和晋升机制，如公安干警、法官等。现在我们县里边就是把他们也作为村里面的基层村组干部，他们的名誉、待遇问题并不明确，《人民调解法》对这些就没有规定。老百姓几千年形成的传统，他们认为干部说话就有权威性，作为一个普通的人，只能是传话，不能做决策。

作为调解员来讲，在调解过程遇到的困惑就是，《人民调解法》规定调解可以根据当事人的申请进行，人民调解委员会也可以主动调解。但是对于什么样的案子需要申请，什么案子不需要申请，到底怎么搞，还不是很明确。现在有些案子是不要当事人申请，也得强制他们来调的，特别是一些涉及“维稳”的案子、具有很大影响的案子，政府就要主动介入进行调解，这样就违反了调解自愿原则，同时也增加了当事人漫天要价的筹码，因为他们认为反正是你们政府着急要解决的，他们就要提过分要求。而我们现在还没有一套程序来规范这些，所以这些事情在程序上怎么规范，怎么来完善这个手续都是问题。我们现在调解统计要有资料来表现，如果要留下档案的话，当事人就要填写一个调解申请书，他又不会写，这样我们就不好登记了。调解结案后，这些东西都是我们自己做，不管当事人签不签字，忽略了程序上的东西。特别是县一级这一块，调解要不要通过一定的程序来，我们原来有一套制度来规范，但有些分管领导他不管，只要哪里出了问题，他就打电话，要求我们赶紧去处理。不管当事人申不申请，时机火候成不成熟，或者下面调不调，他都不管，以行政命令的形式把案件交给你，这样就把我们调解这块搞得力不从心，做不过来。再一个就是县一级调解组织到底是怎么定位的，《人民调解法》没有规定，只是规定乡镇一级可以设立人民调解委员会。而有一些跨区域的或突发的重大纠纷需要由县一级组织调解。原来在县政府办内设了一个机构叫“调纠办”来负责，现在撤销了。现在县里就成立了一个“矛盾纠纷调处中心”来牵头，而这个中心到底是什么性质，没有法律规定。这种调解到底是行政调解还是人民调解，也分不清。你讲是人民调解，他又动用了行政资源；你讲是行政调解，法律又没有授权，所以很不好确定。现在我们的做法就是不去管他定位不定位，只要把纠纷化解了就行了，就以中心的名义与双方签协议，冠以“人民调解协议”的名头就行了。

还有一个问题就是调解协议的法律效力，现在《人民调解法》规定它是一个民事法律行为。调解协议是一份民事合同，它没有强制力，这就使那些不能一次性兑现的案子，或者是有隐情、隐患的案子，即使签了协议也仍然处于悬而未决的状态，难以达到案结事了的目的。去年冬（天）我调解的一个案子，就调了两次。他（指纠纷当事人一方——编者注）认为是工伤，但工伤认定什么的他都没有。开始是乡镇司法所给他们调解完了，签了一份调解协议，赔了几万块钱，当时他感恩戴德的。过了一年多的时间，钱用完了，他又来了，又要调，并多次上访，还找到县委袁书记上访，我们又只好接手组织再次调解。当找到对方当事人时，对方当事人就有意见了：“你们这调了一次又一次，没完没了，不晓得不要理他不就行了”。我们只好讲，不理不行，他要上访，我们必须主动介入进行调解。好在另一方是企业，碍于政府的情面，又拿出了几万元钱了结此事。如果双方都是自然人就难办了。所以针对调解协议反悔的，我们没办法去约束他。没法终结，信访那块也终结不了，你要他打官司，但是他懒得打，他就是上访闹事，所以我们这个调解没有终结程序。有些案子调了一次又一次，没完没了。还有一些调解协议达成后，当时没有立即了结的，后来他不兑现的话，我们没有办法去约束他。我们通过什么呢？通过基层政府行政的关系来做他的工作，就不是那种强制执行力，这样对调解的权威性也有所减弱。

邓春梅（后文简称“邓”）：不是出台了人民调解协议司法确认制度吗？

戴：司法确认制度是出台了，但准入制程序比较难，它要求双方自愿共同申请。一方提出申请，另一方不申请，你就很难去搞。有给付义务那一方他不同意搞，你也没办法，又不能强制。他不像公证，一方提出来就可以去公证了。这个要双方申请，有一方不申请，就办不成，设置这样的前置条件，不知道立法者是基于什么考虑。我个人认为，协议是双方自愿达成的，事后是不是能够履行，要考虑他个人信誉的问题和能不能守信用的问题。法律要对一些不守诚信的人有强制约束力，司法确认一方申请就行。不管哪一方，只要这个调解协议达成了，是双方自愿签订的，任何一方去法院申请确认，法院都要受理，这样有利于双方纠纷的及时化解。

邓：戴局，永兴这里的法院强制执行都能执行到位吗?

戴：现在我们的强制执行，只要他是有执行能力的人，就能执行到位。没有执行能力的人，肯定是个问题。现在我们法院民事判决这块大约有10%执行不到位。

邓：这个执行率还是比较高的。

戴：我们在全市算好的。我们县为了法院执行还搞了一个联合行动，也是大执行，不是小执行，像我们人民调解一样的，全员动员，地方政府还有其他各部门都参与。对我们县来说，如果能够赋予调解协议强制执行力的话，还是好一些。这是一个效力问题。第三个问题呢，我现在感觉比较为难的，就是对一些调解的案子，调不成功，引导当事人去法院诉讼，但他就是不去。我们做调解时，政府也压，老百姓也压，但调解又调不成。而调不成，调解组织又不能不管，事情就总是悬着。原来司法部还有一个纠纷调解终结程序，调不成，基层政府可以作处理决定，并运用政府强制力督促当事人履行处理决定，这样就把纠纷解决了。原来我在乡镇司法所的时候也搞过，效果很好。有些案子通过一段时间的调解，当事人大多都晓得怎么回事了。但他们不肯软下来，有的是碍于面子。在这个时候，作为调解员去裁定一下，做一个裁决书，那么这个案子就结了。现在这个裁决没有了，我们只能做调解。不能裁决，调解不成的话，引导他去诉讼。诉讼是一个路子，但是他没有去你怎么办？像这种情况我们也遇到过，当事人就是缠着你，但是我们又解决不了，所以就拖着，搞不定。这个问题是让我比较为难的。包括一些乡镇的调解员也反映，问我们可不可以像原来一样作个裁决书，我说原来乡镇政府可以做，现在不行了。这是一个很困惑的问题。对本来做裁决能够终结的案件，原来能够了结了，但是现在不能了。

邓：原来那种裁决是不是强制性、随意性太强？有时候会不会导致人民调解员怎么容易就怎么弄，动不动就搞裁决呢?

戴：一般不会这么做。

邓：为什么呢?

戴：作为基层政府这一块，他还是想案结事了，想把纠纷调解好，不想给自己惹麻烦的。如果你乱裁决的话，肯定会把事情惹到自己身上来的。现在强调依法行政，一般来说，不能调一两次，你就不管了，你不敢这么做。因为如果调解太随意，强制性太强，到时候当事人上访也是你的事，惹到自己身上来了，你更麻烦。所以做裁决的时候他会非常慎重。我从 2004 年就分管这块，在调解法颁布之前，两千零几年的时候，有乡镇政法委书记来问我这个裁决怎么裁，问好了他再去裁决。乡镇那块我帮他们搞了三四个裁决，裁决后当事人一般都会履行，乡政府会督促他去履行。乡政府去督促比法院督促的效果还要好。这种情况数量不多，我几年也就做了几起这样的案件。主要是个人之间的山林权属，集体之间的山林权属纠纷有限定，不能这么做，但个人之间的就可以由乡政府调解。调解不好的，他们就可以用这个裁决书去搞。现在只搞调解而不搞裁定，由行政机关去搞，它又怕打行政官司，他也不会去给你弄。乡政府也不想惹火上身，能避就避。所以乱裁乱判的这种现象应该不会很多，但也有可能会有，如果大范围搞的话，有些地方可能会有，但如果不搞的话，这个纠纷老终结不了。这就是我们调解过程中，包括乡镇、基层组织感觉有些难的地方。

廖：也就是说，原来我们搞过裁决，是司法部内部搞的这个机制。现在调解强调必须自愿。强制性地作出裁决是个行政解决方式，也不叫人民调解了，人民调解肯定是自愿、合法，尤其是自愿。现在这个问题也是基层很头疼的一个问题，现在我也发现了这个问题，很多的老百姓，调又调不好，让他到法院去他又不去，所以就走信访这条路，又没有一个办法终结它。如果一走信访，正常解决途径他也不走了。

戴：对，就是司法部颁布的一个《民间纠纷处理办法》，最高人民法院还对此作了一个司法解释，对民间纠纷处理决定当事人提起诉讼是个什么诉讼，裁决是怎样的效力作出了解释。但现在都废除了，都不适用了。

廖：对，废除了。这确实是个困惑。

戴：所以现在基层这块就更难搞了，他们有双层压力，老百姓压你，上访的话政府这块也压你，压得很头疼。另外，就是现行的信访制度为纠纷的解决增加了难度。现在在保障上访当事人一方的权利的同时，实质上又在侵犯另一方的利益。说实话，这也是不公平的。但是现在信访追责又比较厉害，你基层有没有责任他都会追究你，要扣分、要排队，搞得好多地方部门不得不拿一些公共财力来弥补。调解也就失去了双方自愿的原则，就是对另一方的强权，逼得他不得不这么做。这也是一个问题。这些事情，无形中增加了纠纷调解的难度。没有这个上访追责途径的话，在基层就有个终结。现在有的上访事项不是地方政府部门不作为、不给他解决，而是他们的要求太高了，没有政策法律依据，所以解决不了。所以说信访这个制度，特别是这个追责制度，在实际工作中还是有问题。制度设置本身没错，各级政府要听取老百姓的声音，现在中央政府就不准拦截信访人员，但是这个拦截还是在搞，为什么？因为追责太厉害了，不可能不搞。所以现在我感觉这也增加了调解的难度。

邓：这个信访制度对调解是否也有一些好处？比如说领导会更重视。

戴：最大的好处就是能够争取领导重视。但是领导重视之后，有些事情也会出现一些偏差。领导能够动用的资源广一些，他可以用公益资源来弥补一些东西。现在我们县里安排了几百万，大概有三百万块钱，主要是针对调解过程中，当事人双方就因为一两万块钱的分歧导致调不成。为了促进矛盾化解，政府拿钱来解决。这样矛盾是解决了，但也出现了一些不好的现象，就是上访的这些人可以多得利益。

廖：就是相当于救助制度了，由此可能带来不良的社会效果。

戴：这就造成小闹小得，大闹大得，不闹不得，这种导向很不好。

廖：这种社会效果一旦出来了以后，必然会增加调解的难度。

戴：对，增加了难度，这个长此下去不行。

廖：救助制度要严格到一定范围，确定对方确实没有实际履行能力，政府搞点救助制度还是可以的。如果是因为无理取闹、缠讼、上访等原因去救助，那么这个社会效应会很糟糕。

戴：现在没有一个程序来监督，没有一个严格的审查程序，判断他到底是不是需要救助的，是不是确实有困难。如果是执行不到位，针对法院执行这块，现在我们也有一笔经费，交通事故调处中心这块也有这笔经费。除这两笔钱外，从我们县委现任书记来了之后，专门从财政挤出了七百万元，其中四百万元用于人民调解经费，给调解员奖励补助，三百万用于疑难纠纷、涉稳事件救助。

廖：戴局，现在我们看到永兴的调解搞得不错，那您是怎么看待现行的这套运行机制的？永兴的这套机制怎么样？

戴：我们永兴现在运行的这套机制，从现在运行的情况看，还是比较好，能够解决一些问题，在化解纠纷的过程中，可以做到比较及时地化解矛盾。这套机制现在运转很顺畅，但是这个机制在法律层面上，不晓得怎么去算，怎么定。说这个是属于行政调解，好像不对。属于司法调解吗？也不对。说是人民调解？也不像。我们现在的制度是以县委办、县政府办的名义制定的，换了领导还会不会执行，我们不敢肯定。

廖：目前这个机制具体怎么运作，您能不能描述一下？

戴：现在我们县推行的是以人民调解为基础，以县乡村三级调解组织为平台，以综治、司法行政、信访、维稳队伍为骨干，各部门广泛参与的“大调解”工作模式。它分两块：一块是纵向的，就是从县到村普遍建立了调解组织，县里设立了矛盾纠纷调处中心，专门化解重大疑难纠纷和突发性群体性矛盾纠纷，乡镇设立了调委会，村里设立了调委会，村民小组建立了纠纷信息员。再一块就是横向的，也就是在一些矛盾纠纷突出的行业建立了调解委员会，实现行政调解与人民调解的无缝对接。如在道路交通事故、医疗纠纷、征地拆迁、环境保护、消费者维权、劳动人事争议等九个行业设立了专门调解委员会，同时还在公安派出所设立了调解室。这样在我们县里就形成了一张横向到边、纵向到底的网格化调解网络。

另外，在我们县里还推行了矛盾纠纷“县级领导包案制度”，这项制度写入了县委工作制度之中。就是对一些重大矛盾纠纷，分别由分管该行业、部门的县委常委牵头组织调解，定期向县委书记汇报调解进度，这样就加大了调解的力度，使一些纠纷能得到及时化解，避免了纠纷久拖不决。

廖：实质上这种包案制，是人民调解的形式吗？

戴：对，人民调解的形式，但是有领导的身份，加入了行政色彩。

廖：最终包案的是某个人民调解委员会？

戴：对，某个专业的人民调解委员会，如果没有专业调委会，它会有一条线，例如武装、农业等，都有一条线。如果涉及了乡镇，就联系乡镇的领导去弄、去搞。领导包案这一块，主要是涉及大的、没有政策法律依据的那种纠纷，为了去化解纠纷、排除隐患。还有的就是环境保护、征地拆迁这些利益争议大的纠纷，主要是这三块。这些纠纷涉及利益的问题多，这种大案子要（市）常委来弄，才能弄得好。

邓：戴局，刚才您谈了一些有关调解工作的认识和看法。您能不能就调解员的素质、技巧方面的问题，跟我们谈谈您的心得体会？

戴：我不是学法律的，但从事的都是与法律有关的事。我的感觉，真的要做好调解，最基本的一个是要有责任心，要把调解当做一项事业来做。作为一个调解员，如果说没有这份责任心、应付了事的话，调解工作也就做不好，这是第一点。第二点，作为一个调解员，还要有一份同情的心，也就是对当事人要有同情心。我在任司法所所长的时候就有这个感触，有些到这里来求助的人，确确实实是受欺负的人。我在鲤鱼塘任司法所所长的时候，就有一个案子，我感触很深，我现在还记得很清楚。有一个70多岁的老人，这个老人的媳妇不孝顺，经常不给老人饭吃，还动手打这个老人。这个老人的儿子又怕老婆不敢管，老人到村里求助，村里管不了。那天，他满脸伤痕到司法所找到我，听了他说的事后，我很气愤，马上带了两个人到他家把他的媳妇带到镇里，关了她十个小时，也不给她饭吃。到了晚上十点，才找她谈话，问她饿肚子的滋味，给她讲做媳妇的道理，最终促使她明白她自己的做法不对。第二天当着我们的面，她向她公公道了歉，并保证再也不欺负老人了。我们这种做法 20 世纪 90 年代初可以做，现在就不行了。现在还这么做的话，就侵犯老百姓的人权了，搞不好就要吃官司。有些调解对象确实值得同情，到我们县里调解的，大多数是家里失去了亲人，家属肯定很急，也很有可能会做一些过激的举动。这时，作为调解员必须要有同情心，不能去计较他们的言行。记得有一起医疗纠纷，家属很激动，不但破坏了医院的东西，还与值勤的公安民警发生冲突。当时领导维稳压力很大，医院方要求先处理家属闹事行为再调解，领导也讲要“以打促调”。当时我提出了自己的看法，可以两件事一并处理，公安一边调查，我一边与家属谈话。领导采纳了我的意见。最后家属得到了应有的赔偿，同时也为他们的违法行为付出了代价，承担了医院的财产损失费和公安干警的医药费，还写了检讨并向当事人道了歉。我们县里面对于医患纠纷的调解，2010—2011 年这两年，是最乱的时候。如果调解员以领导或者干部这个身份去弄的话，不跟当事人在一条线上，他也不会去理你，所以说要有一份同情心。第三点是作为调解员要有一定的文化素养，要能言善辩。这个“辩”有两层含义，既有辩论的意思，也就是要会讲，也有辨别的意思，就是要善于察言观色、明辨是非。经过多年的普法，老百姓在电视里、报纸上看到了一些东西，但对法律仍是一知半解，似乎权利意识有了，义务意识却没有。他们就是捏着一段对自己有用的法律片段，但享有权利的前提是什么，有一些什么条件他都不管。这个时候调解员自己还是要有一定的法律常识和辨别能力。不然，调解的时候，调解员对于当事人一方为什么要这么赔，为什么要这么承担责任，都说不清楚。尤其是现在我们农村中最常用的法律知识、基本常识你要懂一点，要全部懂肯定不行，因为你没有学过法律专业的知识。第四点就是作为调解员要能够听，能够静下心来听。即使有些时候他吵闹几句也没有关系，我们自己心态要放稳，不能急躁。我记得去年在调解一个案子的时候，一个矿难事故，一下子死了七个人，我是负责三个人家属的安抚调解工作。一些外地的家属非常激动，开始总是和我们对着干，我就不愠不火耐心地听他们把怨气发完，然后跟他们说我不是代表政府来处理这件事情的，是政府指派我来调解这个纠纷的，承担责任的主体是煤矿企业，不是政府。你们要先把我的位置摆正了，你们有什么问题可以跟我说，随你们怎么说都行。看到我这么做后，家属们也就慢慢平静了下来。你拉下脸皮来不行，必须要听他们讲一些东西，让他们把想要说的东西说出来。在说的过程中就可以捕捉到一些信息。作为调解员要听一些东西，耐心很重要。我在处理这个案子的时候就是很有耐心。到了第三天吧，家属还是在争，但是说话的语气软了，且在试探性地提出一些具体要求。他说“我这个要求答复了，我那个要求是不是可以加一些其他的东西来”，这就给我们传递了一个信息，这个时候我就会帮他提一个具体的调解方案，引导他们达成协议。

邓：通过耐心地听，细致地观察，把握什么时候该干什么这个节奏、时机。

戴：是的，在听的过程中交流，他说什么就去解释什么，解释过程中也是法律宣传、讲道理的一个过程。在讲的过程中，当事人情绪会舒缓下去，原来对立的情绪就会比较少。在这个过程中，作为一个调解员，要能够不厌其烦地把一些道理讲清，把法律讲清。这个时候不要怕被顶撞。他顶撞的话，如果你不敢讲，那你就会跟着他走，这样事情就处理不好。

邓：我听说有些调解员去调解时还被打了。对于刚刚您讲的这个，要怎么做才能让自己顶住这个压力，如何镇住这个场子？您是怎么做到控制场面，保护自已又坚持原则的？

戴：首先要能够清楚地表明自己的身份，这是第一个要点。在开始的时候你必须要表明自己的态度，就是我到这里来是干什么的，这个角色要讲清楚，我不是代表某一方来调解，我是代表你们两方、作为中间人来跟你们调解的。第二个要点就是讲理要公平，有理有据讲清楚。双方有理的地方在哪里，无理的地方在哪里，我不会把这些压在桌子下面说。要一再表明自己的态度：如果你们相信的话就听我的，不相信你可以去问。第三个就是大调解的优势。主持调解的大多数是一些大纠纷，在场外我还有一拨维护稳定的人，可以起到一定的震摄作用。第四个就是要注意观察，善于利用反间计。去年我在处理一件意外触电死亡纠纷时，就出现过一个怪现象。到现场吵闹的人越来越多，我敢肯定有些人不是死者亲属，就找到死者的直系亲属讲明道理告诉他们如此僵持下去的后果。因为死者的家属还是想把问题解决好的，听了我的话后，他们马上告诉我，闹事起哄人员中有一个是死者本人认识的刑满释放人员，是他纠集人员在闹事，他们也管不住。于是我马上找派出所干警把这个人找去训诫，调解场面得到了控制，事件也圆满调解成功。还有一个就是在调解过程中，要善于利用反面教材，跟他们讲清楚，一个调解原本可以达到一个什么效果，后来起哄是一个什么样的反面的效果。因为我调解的案子稍微多一点，调解的过程中总有一些反面的案例可以跟他们讲，有名有姓有时间有地点把案子告诉他们，告诉他们这个案子本应达成的结果是什么，后来结果是什么。我说你们应该很清楚，不相信也可以打电话去问。大部分家属还是不会去起哄的。我调解这么多案子，对我动手的没有，但是起哄威胁的有。还有就是在调解过程中，对现场人员一定得限制。限制太严，规定能参与调解的人太少了不行，太少了家属不会答应你，而太多了局面难以控制，难以形成统一意见。因此，在调解开始前，就必须要与家属先达成参与现场调解的人员数目与名单。一般每方选出的人数以不超过十人为宜，这要根据具体案情去把握。

邓：像你们这个调解，是由司法局出钱还是对方出钱来开展工作？

戴：调解是不收费的，但调解的一些后勤保障还是要有。到我这里调解案子有个好处，就是动用了一些行政方面的力量，说服教育的事情由司法局来做，维护稳定的事情，还有后勤保障这一块就由涉事乡政府、派出所负责。

邓：调解工作做好是不容易的，不仅有法律知识的问题，还有调解技巧的问题。您做调解工作这么多年了，也总结了一些关于调解方面的技巧吗？

戴：技巧、方法也有一些。其实这个技巧我感觉很多是不能照抄照搬的，但是你要调解一个案子，首先，感觉自己心里一定要有一个底。在接手案子后，你要用心去了解这个案子的整个过程是怎么回事，心里要有一个底。在调解的过程中，要了解一个地方的人和风土人情的特点，说话时的语调、表情要符合现场气氛。其次，根据案子不同、人不同，说话方式也不同。遇到彪悍的人，你就可以硬气一点，你硬气他就会软一些。你如果说话软软的，他就会不理你。所以闹得最凶的这个人我是最喜欢跟他说话的，因为他越闹得凶就越证明他在思考问题、想道理。记得我在处理复和镇一起意外事故时，死者亲属中就有一个专挑刺的人，总是责怪乡政府、责问我。我跟他也就直来直去地交锋。经过多次谈判，最后使纠纷得以化解。最后在签协议的时候，他讲："戴局，对你我还要讲三个字，第一个字是烦，我们心里急得不得了，你还在讲法律、讲事实，搞得我们心里好烦；第二个字是恨，你算得那么清，讲得那么明，搞得我们争又不好，不争又少得了钱，所以恨你；第三个字是敬，你还是蛮硬气、敢讲话，讲的话很在理，处理事也公平，所以佩服你。"所以敢说话是很重要的，敢说话能够得到人的尊敬。如果不敢说话，不敢表达自己的观点，是没法分清是非、解决问题的。

邓：戴局，我发现你们在调解中会不断地把人、事、关系等类型化。除了刚才提到的案件，还有什么特色鲜明的案件类型？您又是用什么办法来应对的呢？

戴：还有一种就是，他对你不反抗也不答应的那种，就是软磨硬泡的那种人，这种人是最难对付的。遇到这种人，你只能用时间来消耗他，就是花费比较长的时间，不是一下两下就搞完的。遇到这种人，我就是两个做法：一是先把事实、法律跟他讲清楚，让他自己去思考、去找律师咨询；再就是找他的亲属和村干部去协助做工作，帮他从思想上慢慢转过弯来，同时也让他感觉到还有人在管他的事，不然他就可能上访。上访的话压力太大，现在我们调解难度蛮大，有一些维稳的代价和责任都要责任人去承担。

邓：要责任人去承担责任是什么意思？

戴：比如一起纠纷，我是责任人，按法律算最多赔偿50万元就行了，但受害方不同意，他非要80万元，得不到他就上访，要他到法院起诉他也不去，搞得政府很为难。为了维护稳定，只有施加压力，迫使责任方多出钱。像这样的情况，责任方一般都是单位或企业。他有事要求于政府，不得不接受。现在好多了，袁书记、傅书记来了后，对非法无理上访打击的力度加大了，所以调解赔偿超出的数字不会很大了。

邓：像你们这样做调解案子，一看到一个案子，会不会就迅速把它归为一种类型，心里就预先想好了这个案子该怎么办。

戴：这种能力要慢慢锻炼才行。

邓：戴局，您呢？

戴：也还不敢这么说，但我接管的案子，看了案子后，对这个案子如何在短时间内调成，能不能调成，心里还是有底的。

邓：那您调案子，是按照怎样的流程，进行怎样的归类？例如这个案子是速调速决型，还是需要慢慢来调的？

戴：在第一次接触当事人的过程中，对这些就有个把握。在调的过程中，看看他们到底是哪种，一般速调型的案件主要是一些突发性人身损害赔偿纠纷，如医疗纠纷、交通纠纷、意外人身损害事故等。针对速调型的，我们一般就是连续作战几天。这几天一般都要调解到深夜十二点或更迟。有些案件主要是权属纠纷、拆迁纠纷等，这些事情弯比较大，当事人很难接受意见，亲戚朋友作用也不大，这时候我就会暂停一段时间，隔段时间再调，先让他们问一些律师、亲属什么的。我现在还有两个案子，一个案子调了十年了，当事人上访几百次了。他就是这个要求处理好了，另一个诉求又出来了。有些矛盾一下子处理不了，就要慢慢地说服他。我的感受主要就是这些，总之就是针对不同的纠纷采取不同的办法。

廖：戴局，非常感谢您给我们讲了这么多！

以“调”说“法” 以“调”促“法”

——调解能手刘晏辰访谈录

刘晏辰，1999年9月考入湖南省司法学校法律专业学习。2000—2002年就读于湖南省政法管理干部学院法律系。2003—2006年参加高等教育自学考试取得经济法专业本科文凭。2004年10月至今在湘潭县司法局工作，历任法律援助专干、法制专干、办公室主任、法制宣传股股长、局机关党支部组织委员、湘潭县依法治县办专职副主任、中路铺司法所所长等职务。曾获得湘潭市人社局、湘潭县人民政府嘉奖共五次，记三等功一次，被评为湘潭市“五五”普法依法治理工作先进个人、湘潭县司法行政工作先进个人、湘潭县综治维稳工作先进个人、湘潭县法律援助先进个人等。

访 谈 人：廖永安，湘潭大学法学院教授

被访谈人：刘晏辰，湘潭县司法局中路铺司法所所长

时　　间：2014年6月5日下午3点

地　　点：湘潭大学法学院302会议室

廖永安（后文简称“廖”）：刘所长，您好！很高兴有机会能对您进行访谈。众所周知，调解是一项非常重要的工作。通过对调解能手的访谈，我们想总结基

层的调解经验，尤其是对调解实践中的技巧和方法进行总结和提升。据我所知，调解并不是一项人人都能干好的工作，那么您认为怎样才能当好一名人民调解员？

刘晏辰（后文简称“刘”）：廖老师，我根据这些年的工作经验，谈一下我个人的一些看法和感受，好吗？

廖：您请讲。

刘：我毕业于湖南省司法学校，后来在湖南省政法管理干部学院和湖南师范大学法学专业进修过。2004 年起我在湘潭县司法局工作，做过法律援助专干，普法专干，办公室副主任、主任，法制宣传股股长，湘潭县依法治县办专职副主任等工作。2012 年下半年，根据组织安排，我担任湘潭县司法局中路铺司法所所长至今。应该说，不论是在司法学校学习，还是在司法局机关工作，我对人民调解的认识主要还只是理论上的了解。2004 年开始，我被安排到基层司法所工作，成为了霞区镇人民调解委员会的成员。我在学校学习的是法律专业，虽然学得不精，但对基本的法律知识有一定的了解。按照法律，人民调解员应当由基层群众推选产生，在当地要有一定的威望，是群众信任的人，而这正是人民调解优于法院诉讼的一点。人民调解是诉讼之外，通过调解员与当事人斡旋，发挥纽带作用，促使双方当事人互谅互让、达成调解协议的活动。当一名人民调解员，并不一定要像法官、检察官、律师那样具备较高的法律素养和严苛的任职资格，而是了解一点法律常识，不说外行话，可能就足够了。调解员的工作更多的是和纠纷当事人沟通，进行心理上的疏导。

对于如何做好人民调解工作，人民调解员应当具备哪些基本的素质？我认为，一名合格的人民调解员需要具备的是综合素质，其中思想政治、法律知识以及职业道德方面的素质尤为重要。

第一，我认为坚定政治立场是人民调解员必备的首要素质。其实，不论国内国外，也不管哪朝哪代，只要有人类社会，就一定有社会矛盾。而随着矛盾的升级，纠纷便产生了。由于世界各国存在着国家体制、法律制度、文化背景、民风习俗的区别，所以纠纷调解员的素质要求和调解纠纷的基本原则并不相同。但是应当注意的是，不论哪个国家、不管何时何地，调解活动都不能与执政者的基本方向相抵触，更不能与社会共同利益背道而驰。我认为，我们必须清醒地认识到，人民调解员是各类社会矛盾纠纷的调和人，他的调解作用涉及当事人的权利义务。从长远视角整体地看，调解活动可能独立形成一种社会舆论，改变传统的价值取向，影响到国家的整体利益。我不否定西方所谓“人权至上”的观念，但是当下在中国强调“人权至上”的时候容易成为违法诉求的伪装，会导致一些不稳定的因素。因此，人民调解员必须首先具备“讲政治、顾大局、护稳定”的思想素质，在调解各种社会矛盾纠纷时，要妥善处理维权与维稳的关系，要认真权衡局部利益与整体利益，认真考虑短期利益与长远利益，坚持正确的调解意见，避免顾小损大，从而在调解活动中传递“正能量”，促进形成风清气正的社会风尚和长治久安的社会局面，实现国家利益、社会利益、人民利益有机统一。

廖：那您认为维权与维稳的关系应该怎么来处理？这也是我们信访工作中遇到的一个难题。还有，当前社会广泛流传着这样一句话，叫“大闹大得、小闹小得、不闹不得”。对于这种现象，您是怎么看的？

刘：我认为，只要尽可能地做到国家利益、社会利益和个人利益的统一，就实现了维权与维稳的这个天平的平衡。维权与维稳在某种程度上可能是有矛盾的。维权，当事人肯定强调个体利益，极易采取一些过激的措施、行为，认为只有过激（行为）、上访，有关部门才会重视他，关心他的诉求。这么一闹或许解决了问题，而且效率提高，但以后人们都效仿。所以，以前有信访局局长疾呼“大闹大解决、小闹小解决、不闹不解决”，他闹了，我们才着力帮他解决，这样的维稳就被动了，这就把维权与维稳推向了对立面。其实维权与维稳二者是不矛盾的。如果纠纷当事人、社会管理者都依法办事，就不会存在维权与维稳的矛盾。因为法律是国家为了维护稳定而制定的，维稳也是依照法律来进行的，维权也是依靠法律来维护当事人的权益。我一直认为维护了稳定，就可以维护当事人的权益，维护了当事人的权益才真正维护了社会的稳定。维权与维稳之间有一片钥匙，那就是法律。如果大家都按照法律办事，就不存在遇到纠纷时，当事人有错误的效仿心理。因此，依法办事是解决维权与维稳对立的一个关键点。这也就是我后面要讲到的成为一名人民调解员应该具备的第二个必备素质，坚持学习法律。

第二，坚持学习法律是人民调解员必备的重要素质。几年的调解实践告诉我，面对矛盾纠纷，依法调解不一定成功，但是离开了法律原则调解一定不成功。目前，大部分基层，特别是村、社区的人民调解员缺少法学教育背景，专（职）、兼职法律从业人员也较少，有的文化水平不高，少部分基层调解员在业务能力方面盲目自信，喜欢按“规矩”、凭经验办事，使得现有人民调解员队伍的法律素质和实务技能参差不齐，短期内难以整体提高。然而，绝大部分社会矛盾纠纷都出自基层，发生在萌芽状态，需要大量运用人民调解方式来缓解、化解。同时，随着依法治国，建设社会主义法治国家不断深入，我国法律体系的完善、更新步伐进一步加快，这需要广大的人民调解员具有自觉更新法律知识，自觉增强法制观念的能力素质，要求我们具有在日常调解中，积累经验、创新方法的能力素质，从而弥补知识短板，提高调处效能。概括起来就是，我们不能要求人民调解员队伍一定要有较高的文凭、一定要有法律从业资格证，重点是调解员要坚持不断地学习，因为法律制度在不断地更新。

第三，坚守公正廉洁是人民调解员必备的基本素质。公正廉洁是人民调解的生命线。人们之所以选择人民调解的方式解决纠纷，一是它便捷、经济，还留有回旋的余地；二是认可调解员公正廉洁、态度热情。由此我认为人民调解除了它的制度优势外，调解员具有良好的职业道德，是纠纷当事人选择调解的一个重要原因。一般来说，纠纷当事人不会选择徇私枉法、蛮横霸道的人来调解，因此公正廉洁是调解的生命线。在刚才我填写的问卷里面，有一个问题就是涉及调解应不应当收费的问题，我觉得向纠纷当事人收取调解服务费还为时尚早，因为人民调解是自治行为，这是调解相比诉讼的重要优势。如果调解职业化、服务权威化后，可以考虑收取调解服务费，通过给纠纷当事人设置一定的调解成本，来体现调解作用，控制纠纷易发，但也有可能导致信访压力加大。

廖：你刚才提到依法调解不一定能成功，但是诉讼就是严格依法，也就是严格依法不一定能调好。

刘：对，不是说严格依法调解就一定能让当事人接受。但是，离开法律，调解一定不成功，即使现在调解（成功），但仍然存在隐患，或者存在被法院确认无效的风险。因此，不论什么样的纠纷，万变不离其宗，还是要有一本法典在那做参照，在法律的框架内、标准中，调解可以上下浮动，灵活变通。

廖：这也就是我们中国人所说的调解的基准吧，在法律的基准中上下浮动。

刘：对。我们常见的问题就是纠纷当事人说“类似的案例，调解的结果是获赔多少万，我也要这么多”，那么我会说“两个纠纷只是类似，实际是此纠纷与彼纠纷存在区别，你说要多少钱，对方给不了，调不成。对方说只给多少钱，你接受不了，也调不成。我先用法律的标准帮你计算一下，以这个为基础，为中间价”，再协商、妥协、促成。

廖：你说的这点我特别认可，因为我们中国人的这个效仿心理很强，所以如果我们的调解员作出了一些不好的表率，虽然把这个事情摆平了，但是给社会风气造成了不好的影响。所以，我们在调解的过程中，原则上还是要依法，也就是说我们的调解必须在法律的范围内进行，不能偏离法律太远。法律是我们调解的一个基准，这也是确保我们的人民调解能够有一个正确的价值取向。在法制的框架下、在法律的阴影下进行调解能够确保我们的人民调解沿着一个正确的方向前进。刚才您提到的人民调解员应该具备的几个素质，我都特别认同。从您的工作经历来看，您已经担任司法所所长两年了，之前也在司法行政部门工作过，现在处在人民调解工作的第一线，从您两年的调解经验来看，您觉得我们当前的矛盾纠纷呈现出什么样的特点，以及怎样应对这些矛盾纠纷？您总结了哪些技巧？因为调解被誉为“东方经验”，是为世界各国所效仿的制度典范，你们觉得在调解的过程中有一些什么好的方法和技巧，您能否总结一下，或者用案例来给我们说明一下？

刘：我认为，现在矛盾纠纷易发、易激化，与我们国家的法治文化和信访制度有很大的关系。第一，信访不信法。一方面，当事人不信法，不愿走诉讼途径；另一方面，当事人易信访，针对“万能政府”，施加舆论压力，见效快。有纠纷当事人说，“这个事情如果达不到我的要求，我直接到北京上访……这样的法律对我不公不利，我只信访不信法。”我们就跟他说，可以调解协商，但是他就觉得人民调解、行政调解都有可能徇私枉法，选边站，达不到他的预期效果，无形之中就把调解机构和政府部门当成了纠纷当事人之一。经常是纠纷当事人“找不准对手”、“干不过对手”，就把帮忙解决问题的调解员、法官、行政人员统统列为对手，进而否定和抵制现有社会制度，包括纠纷化解机制。如果人民调解、行政调解无效，同时当事人拒绝诉讼途径，就极易上访，成为信访维稳对象。第二，新媒体易导致纠纷激化。本来一件很小的事情，通过新媒体这么一传就闹大了。所以我们在面对当事人的时候，我就经常对他讲：你这个事情在我们这里就相当于治疗“感冒”。要让他相信调解员有能力帮助他解决好纠纷，先让他稳定下来。反之，一旦他的心里没底了，期望与现实差距大了，他就会慌，他就会奔走疾呼，他就使用短信、微博、微信、说说、都市类报纸、都市类电视频道扩大影响，寻求舆论支持。他使用这些方式我不反对，舆论也是一种监督，体现社会的进步，但是这样会给我们的工作带来很大的被动，新媒体的监管难度大，并不一定严格坚持正确的舆论导向。少数为吸引眼球，提高收视率，把久拖未决的纠纷归咎于调解机构、政府部门，很少讲当事人的原因。第三，纠纷处理难度整体加大。随着社会的不断发展进步，人们的法律意识总体提高了，部分纠纷当事人懂法但又片面，经常断章取义，对他有利的他就懂，对他不利的置若罔闻。我就经常跟他们讲，法律不是你不懂，它就不存在的。你不懂，法律照样客观地存在着。所以说调解工作很难做，不像法官审判，调解不了的就依法判决，当事人即使不服也得先接受，我们调解就得把他说服，这样才能达成调解协议。

廖：我们目前的矛盾纠纷呈现出这样的一种态势，根据您这么多年的调解经验，您觉得有什么样的方法来解决这些问题呢？

刘：我一般是参照民事诉讼的程序进行调解。如果遇到疑难案件，我会邀请村、组干部，所涉领域的专业人员来帮助调解。进行调解，我也会参照法庭的模式，如果比较简单就参照“简易程序”，一个人调解。如果是疑难一点的案件，就是三个人调解。在调解室，大家对号入座，宣布纪律，关闭手机，告知双方的权利义务。通过举证、质证、认证，在查明事实的基础上，听取双方的陈述，再讲法律、政策，帮助纠纷当事人分析和明确各自的权利义务，注重用群众的观点想问题、看问题，用群众的语言做思想工作。只要有一线希望就努力斡旋，对理亏的一方或双方进行说服教育后，当事人基本都能接受我们的调解结果。如果调解遇到僵局，我认为可以冷处理，等待双方当事人认清形式、利弊，等待调解机会。如果遇到顺境，就要褒奖当事人，趁热打铁，把协议敲定，速战速决。我们这里较多发的，一般是人身损害赔偿纠纷。较棘手的是，山林权属、宅基地划分、房屋买卖合同、农村土地承包等方面的纠纷。因为在中国，老百姓有一种寸土不让的心理，涉及不动产的问题，他们就像捍卫“主权”一样，如同我们捍卫国家主权和领土完整一样坚决。

廖：也就是说您现在比较提倡的是按照比较规范的程序进行的调解，而不是简单的“和事佬”式的调解，从摆事实、讲道理、讲法律这样的角度来解决纠纷。

刘：我认为规范的主持调解也是“和事佬”的应尽职责。因为规范的调解也是一种“仪式”，我希望以此在辖区弘扬法治精神，营造法治氛围。只要我们长期坚持“以调说法”，总能提高干部群众的法律意识，形成依法办事的思想观念，形成尚法明理的社会风尚，从源头上预防矛盾纠纷。到后来，让纠纷当事人知道，与其上访、集会，劳心费神，不如坐到调解桌前摆事实、讲道理、论法律，通过法律的途径解决争端。“和事佬”依法分清纠纷当事人责任是完全必要的，不能简单“和稀泥”，但是调解的结果不需要完全符合法律法规规定的标准，只要该结果不违反法律禁止性规定就行，因为支持纠纷当事人互谅互让，意思自治是人民调解的优势和特色。

廖：有一个值得我们重视的问题，不应该只是从解决问题的角度来认识我们的人民调解工作，我们每一个成功的调解案例都应该成为我们社会的一种共同价值追求。每一个成功的案例所产生的示范效应该给社会传递一种“正能量”。我觉得之所以出现信访而不信法，一个重要的原因就是极少数个案可能误传了

“负能量”，引起了民众的误解、误读、误判。

刘：是的，我们应该注意到，很多时候，这种“负能量”的传播速度和社会影响比“正能量”大多了。

廖：所以我觉得调解应该在法制的框架下来进行，使法制成为我们社会所共同追求的一种价值理念。就像您刚才所讲的，我们调解员并不是为了单纯的“了难”。

刘：是的。有人对我们调解员有一个形象的称呼，叫“牛贩子”。为什么叫“牛贩子”呢？“牛贩子”就是买牛人和卖牛人之间的一个中间人，买卖双方要价不一致时，“牛贩子”就从中斡旋、撮合。我不认同这种定位，特别像您提到的人民调解要走职业化的道路，那么调解员岂不成了职业“牛贩子”。我们的调解活动不能简单地一味强调结果是否能让当事人接受，还必须坚持法制的价值理念。我们人民调解与诉讼的共同点就是依法，这是我们调解的基础和保证。

廖：根据我们人民调解法和相关的司法解释，您对于我们人民调解制度目前的运行机制有什么评价？尤其是我们湖南现在实行的“三调联动”的做法多种多样。

刘：我觉得人民调解制度是必须存在的，尤其是中国处在矛盾纠纷多发期。人民调解可以减轻法院的审判压力，减少治安、刑事案件。作为“三调联动”的重要组成部分，人民调解是目前受理纠纷数量最多、范围最广的一种调解。如果人民调解要进行职业化探索，首先必须认真推选基层人民调解委员会，推选活动切忌形式主义，再由人民调解委员会来聘任职业人民调解员，这样才能保证人民调解的群众性、自治性，保持群众对人民调解员的信任感。廖老师您提到，想将人民调解员分成若干职业等级，这样可以增强人民调解员的荣誉感，起到激励作用。我就经常用这种方法来向当事人介绍年长的调解员，“这是我们镇的一位‘首席’人民调解员，曾获得过司法部、省、市的荣誉表彰”，这样一来不仅可以让双方当事人信服调解员，同时也让调解员感受荣誉与使命，促使调解员、当事人全面投入调解当中，即使并不存在“首席”调解员这一称谓。我很认同您所提的职业化的道路，这对于提高队伍的素质很有必要。同样也认同您想建立人民调解员评级制度的建议，这样可以提高调解员在处理纠纷时的主导地位，提高他们的调解工作积极性。同时，这要求司法行政机关等有关部门制定一套完善的人民调解员等级管理制度。

廖：我提出并且一直在思考，我们要怎样走一条职业化的道路。从您的经验来看，您觉得一条怎样的职业化的道路是比较契合中国的实际的？

刘：我认为人民调解委员会推选、人民调解员聘任、人民调解员登记和等级管理是职业化的必要环节。这样有利于人民调解规范化建设，提高效能，也有助于司法行政机关开展指导、培训和监管工作。依据法律，司法行政机关负责指导人民调解，但是实际的情况却是司法行政机关，特别是基层司法行政人员充当了人民调解主力军，这不利于培养锻炼其他人民调解员，对于发展人民调解事业有所影响。

廖：是的。我们的司法行政机关应该是指导人民调解工作，但是从我们每年的“全国模范人民调解员”，全省的“优秀人民调解员”的评选来看，选出来的大都是司法所所长，这反映出基层司法行政人员不仅是指导，更多的是直接参与一线的调解工作，不利于发挥其他人民调解员的作用。现在郴州甚至提出来由司法局局长担任首席人民调解员，当然这与中国民众的崇官心理是相符的，因为中国的民众一直期望一种包青天式的官员，崇尚权威。也可以说中国的民众对权威的崇拜心理比较强，民主的观念比较少。所以，我们的人民调解员如果严格按照法律应当选举产生，但是从我们的实际情况来看，司法所所长的任务非常重，人民调解只是其九项职责中的一项。如果严格依法，他只是起到指导的作用。

刘：县级司法行政机关，特别是基层司法所很大一部分精力都花在了人民调解上，这是由于村级人民调解员仍然缺少培训、锻炼、经费和责任感，遇到稍复杂的纠纷，都上交到基层司法所。于是容易导致基层司法行政人员职能错位，从“教练员”变成了“运动员”，不仅加重了司法行政人员工作压力，还不利于其他人民调解员的发展。

廖：您刚才提到一个人民调解是应该主动还是应该被动的问题。我觉得中国的人民调解更多地被赋予一种政治的职能，比如说维护稳定，而不是简单地、被动地化解纠纷。（调解员）不仅要主动地解决纠纷，而且要预防、排查（纠纷）。现在我们有一些地方在每一村，有一个信息员，只要一发生矛盾纠纷立即上报调解委员会，把矛盾真正化解在萌芽状态。您对这个问题是怎么看的？

刘：信息员制度，我们也有。信息就是情报，但是我觉得从调解员主动介入纠纷升级为民众主动申请调解纠纷才是人民调解的正常轨道。我们应该向老百姓大力宣传调解的作用和优势，让他们知道我们有专业的调解机构、队伍，让他们认识到如果遇到自己不能解决的问题可以找人民调解委员会。

廖：我知道您的想法是，要把现在主动介入人民调解的做法转变为民众主动申请调解的正常状态。您觉得实现这种转变的路径是怎样的？

刘：首先，要大力宣传，我以前在司法局机关工作的时候，第一个岗位是法律援助专干。当时县法律援助中心一年仅承办案件 11 件，但是现在一个基层司法所一个月就承办 18 件，其中大部分是诉讼代理。期间，我们坚持法律援助的宣传，取得很好的效果。最近，省司法厅又开通了一个 12314 援助专线。我觉得人民调解也要大力宣传，突出宣传优势作用，让老百姓知道遇到问题不一定要走诉讼途径，也可以选择人民调解这种便捷经济的方式化解矛盾。我们要让老百姓形成这样的一种观念，遇到问题主动地找人民调解委员会，而不仅仅是通过信息员制度主动地介入调解，这也是符合《人民调解法》自愿申请的原则。其次，人民调解员职业化有利于保障纠纷当事人自由选择调解员的权利。

廖：其实还是要专业化的人民调解队伍。我们在构建职业化道路的过程中不能脱离实际，所以从您的角度来讲，您觉得怎样的一条职业化的道路是比较可行的呢？

刘：真正要解决这个问题还是要有物质基础，要有经费才能聘任职业调解员。人民调解员队伍可以由专职和兼职两种调解员组成，例如医生、教师、大学生、农民、公务员、基层自治组织负责人都可以兼职。要注重发挥兼职人员在所属行业、领域的专业知识优势，兼职调解员可以享受国家有关人民调解补助，一案一补。职业人民调解员是主力，如果职业调解员遇到疑难的属于特定领域的纠纷时，就可以将那个领域的调解员邀请进来，一起解决纠纷。如同人民陪审员参与法庭诉讼一样，人民陪审员有医生、教师、机关工作人员等不同行业的代表，在遇到有关纠纷时就可以邀请具有相应知识的人民陪审员参加诉讼。

廖：人民调解的培训机制应该怎样运作？

刘：如果走职业化道路，应该制定职业人民调解员聘任标准，对拟聘人员进行岗前培训和考试，每年进行岗位轮训，建立任职资格和管理考核制度。对于兼职人民调解员，进行轮训就可以了。我们希望培训的课程，既有理论的深度，又有实践的技巧，关键是告诉调解员遇到各类纠纷应该怎么样处理。目前，人民调解业务培训主要是分级组织实施，省司法厅培训市局科室负责人和基层司法所所长，市局培训司法所所长，县局培训司法所所长，司法所所长培训镇、村人民调解员。

廖：中国有自己的调解文化，因为任何的制度都是在特定的文化背景下运作的，不能简单地把西方的东西照抄照搬。还有，在调解中如何打破僵局？您有哪些调解的技巧、经验？我们希望把实践中的技巧和经验进行理论上的总结，传播于他人。现在很多的调解经验、技巧都只是停留在个人的层面，没有很好地反思、概括。所以我们现在的培训不系统、也不专业，我们希望通过一系列教材的开发，建立一整套比较完善的培训体系，培养和培训一大批调解人才。

刘：谈到调解的经验技巧，我觉得具备心理分析能力很重要。我刚才提过一个冷处理的方法，在双方分歧较大时，调解员在一旁不说话，让双方尽情地宣泄，等待双方使尽浑身解数，彻底释放负面情绪后，调解员再讲法律、分责任、提方案，效果好多了。另外，还可以采用背靠背的方式，单独沟通，各个击破，最后促成共识。同时，调解员要用群众的语言与当事人沟通，站在群众的角度看问题，比如我们刚毕业的学生到基层去实习，虽然有理论基础，但没有经验，不会用群众的观点看问题，不能体会当事人所处环境。在遇到僵局的时候，要从法律的角度分清责任，要让当事人认清形势、权衡利弊。当遇到顺境，双方当事人开始解冻，就要趁热打铁，马上起草调解协议，速战速决，不留隐患。说不定他一回家，听亲友说三道四后，明天再来他的主意就改变了。不管双方达成调解意愿时有多晚，一定要在当天把协议签好，避免夜长梦多，不然第二天有可能要从头再来。我的认识主要是这些。

廖：刘所长，非常感谢您给我们讲了这么多有意义、有价值的东西！

调解“一件”　教育“一片”

——调解能手冯波访谈录

冯波，男，汉族，1981年12月5日出生，1997—2000年在湖南省人民警察学校公安专业就读。2002—2006年担任湘潭市岳塘区人民法院司法警察、书记员、代理执行员。2006—2007年担任湘潭市岳塘区城区合作医疗管理办公室文秘。2007—2008年担任湘潭市岳塘区医疗生育保险管理局办公室主任。2008—2011年担任湘潭市岳塘区人力资源和社会保障局实事考核办科员。工作期间，冯波同志取得了在职硕士研究生学历，现任岳塘区首席人民调解员、湘潭市岳塘区司法局宝塔司法所所长，同时兼任湘潭市岳塘区火炬学校法制副校长、岳塘区宝塔街道云盘村委会第一支部书记、岳塘区法律宣讲团成员等职务。2013年3月，被湘潭市司法局评为“调解化积案，息访保平安”人民调解专项活动先进个人。

访 谈 人：邓春梅，湘潭大学法学院副教授

被访谈人：冯波，湘潭市岳塘区司法局宝塔司法所所长

时　　间：2014年6月5日下午3时

地　　点：湘潭大学法学院509办公室

邓春梅（后文简称“邓”）：冯所长，您好！您从事人民调解工作多久了？

冯波（后文简称“冯”）：大概两年多。我是2011年12月份通过公开选拔

副科级干部到岳塘区司法局宝塔司法所担任所长职务的。2012 年 1 月份，通过选举兼任宝塔街道人民调解委员会人民调解员。之前，我是在岳塘区人力资源与社会保障局工作，有调解的经历。因为我学的是法律，在劳动监察大队任过职，担任过专职劳动纠纷调解员，也参与劳动纠纷培训、仲裁等工作。

邓：冯所，能详细地谈一下您的求学、工作经历吗？

冯：我是省警校毕业的，留校后就在省警校带了一届两个班的学生，担任指导员和警体军训教官的职务。两年半后，所带学生实习了，我就回到湘潭，到了岳塘区人民法院做法警、书记员，在执行局做代理执行员。2006 年通过事业单位招考公务员，然后到了区卫生局下辖的二级机构——城区合作医疗管理办公室（简称合管办）做文秘。一年后，国家开始实行城镇居民基本医疗保险。因为城区合作医疗要和居民医保的政策合并，于是卫生局管辖的合管办和人事局管辖的医保局进行了合并，我就到了区人事局下辖的二级机构——岳塘区医保局工作几个月，然后被抽调到区人事局机关，从事劳动监察和实施考核工作。后来区司法局下辖的两个司法所所长（副科级实职）空缺，司法局需要学法律专业，并有工作经验的人。于是，我经过副科级干部选拔，到了宝塔司法所。

邓：您是学法律的，做人民调解员很有优势。您认为作为一名优秀的人民调解员，最重要的是具备哪些素质？

冯：作为一名优秀的人民调解员所需具备的素质，我想从我经手调解处理的案例分析来进行总结。

像我所在的这个辖区——宝塔街道，面积有 30.8 平方公里，下辖七个社区、六个村，还有一个企业集团，总共十四个辖区单位。我管辖的地区包括流动人口有 15 万。我刚到宝塔第一年，上半年非正常死亡的事件就有七个。我刚到任第三天就有一个职工从一栋正在建设的楼上摔下来工伤死亡的。那次是我单独调解的，也是我当人民调解员第一次经历这样的案件。我从晚上六点调解到凌晨一点，终于把纠纷调解好了，当时那个案件的成功处理，领导们一致认为是非正常死亡纠纷调解案件中调处时间最短、效果最理想、最成功的一次调解案件。

邓：冯所，您经验这么丰富，能介绍一下您调解这个案件的诀窍是什么吗？

冯：当时情况是，非正常死亡的那个职工是在十五楼装修，他施工的时候没有系安全绳。我们处理得比较好的地方表现在：第一，现场清理得比较及时，消除了造成群体性事件的隐患。这种非正常死亡事件发生后，最怕的就是群体性闹事、家属聚集。当时出警的公安机关向我们进行通报后，我们立即联系医院的救护车。经鉴定确实已经死亡以后，我们马上组织人将尸体移送到了殡仪馆。这样就避免了死者家属或别有用心的人挟尸闹事，进而发生群体性事件。

对于家属的安抚，我们也没有将家属安排在事故发生地附近宾馆居住，因为太近容易引起家属聚集事件。然后我们马上组织双方进行了调解，一次肯定不可能调解好，但是我们就到家属那里去，讲明我们的姿态，让他们感到政府是在这里帮他们处理这个事情。当他们的情绪好转的时候，告诉他们这种工伤死亡案件该怎么裁决怎么处理。

邓：冯所，像你们这种司法所调解，算是一种居中调解，因为到时候还得建房子的房地产公司跟家属协商解决赔偿的事。但这种调解给他们感觉就是政府在给他们解决问题，是吧？这个案子调解顺利吗？

冯：像这种死亡纠纷，刚开始死者家属方肯定是漫天要价，不退步，这就会使调解陷入僵局，如果遇到这样的僵局，我们就采取“背靠背”的方式，将双方分开调解。这样就要求人民调解员必须熟悉法律知识。像死亡纠纷，调解员应当知道怎么去认定，要搞清楚是怎么死亡的，是否属于工伤事故，死者自己是否有责任，公司方是否有责任等问题。当时，我们把纠纷双方分开，我们要求公司的法律顾问来配合做工作。我们请律师先去跟家属那边沟通，按照工伤损害赔偿标准，计算出他们可以获得多少赔偿。我们去跟房产商那边沟通，因为调解赔偿的数额，不可能是严格按照法院判决，法律规定多少钱就多少钱。而且走法院诉讼途径，诉讼程序走下来需要各种费用和时间。我们跟房产商沟通：第一，死者是在工作时间、工作地点死亡，绝对是工伤。第二，如果你想调就调，不想调解就直接提出来，走法院诉讼途径。如果走法院诉讼，就不止调解的一天两天，它需要的时间较长，家属在这里待几个月，所需费用都要由房产商负担，这一路算下来不是多几万块钱就能解决的。第三，走法院诉讼途径，影响公司声誉，产生很大的社会负面影响。房产商会比对调解与诉讼的成本，他可能就想到通过调解方式解决不仅影响小，到最后可能还会节省一部分钱。所以，他还不如拿出一个高姿态，在参照工伤死亡赔偿的标准上再多出一点钱，来早点解决这个纠纷。家属那方，第一，房产商的律师跟家属讲法律，告诉他们按照法律应当赔偿的金额，再告诉他们如果调解可以适当地给他们一些补助，这样降低家属的期望值。第二，就是通过前面做的工作，双方都有让步了。第三，当着双方当事者的面，要求房产商对家属进行最大限度地赔偿，让家属感受到政府在帮他们说话。后来就由家属最初所要求的150万元降到了80万元又降到55万元。但是房产商这方只同意赔偿53万元，再多不行。我就给房产公司的董事长打电话，第一，介绍了我的身份。第二，就跟他说，您对湘潭市建设作出了很多贡献。现在这个案子就差两万块钱，对您来说也不算什么，但对于死者家属就可能影响很大。如果因为这两万块钱，死者家属到您那里去闹事，就会影响您公司的声誉。第三，这是我来到这里，经手的第一个死亡赔偿案件，为了达成调解我得去您那里拜访一下。作为我们第一次见面，您的公司在我的辖区，以后肯定还有更多的机会进行接触，也希望您能大力支持我的工作。然后，他就同意了，并且主动加到 58 万元。后来，因为这又给死者家属多出了 5 万元。这个时候，对于死者家属，他们希望的 55 万元，现在成了 58 万元，他们就愿意自己出来回的路费等各方面费用了。当时一直调到凌晨一两点。为了防止当事人受到外界影响后变卦，就连夜让双方签订了调解协议，一次性解决问题，防止双方反悔。当时房产商说没那么多现金，我就让他们当晚支付了 20 万元的现金，剩下的钱第二天早上开支票，我去亲自拿来给了死者家属。

通过这件事，我觉得作为调解员，第一，必须得有协调各方处理问题的能力。第二，必须掌握基本的法律知识，遇到问题知道应该适用什么法律。

邓：像这个案件中，死者没系好安全绳，到底是自己不听管束，存在过失，还是管理不到位？

冯：这点其实当时纳入了我们调解的一个要素。实际上，工地上都有要求系好安全带的文件，但是施工人员习惯了不系安全带。我们调查了其他施工人员，问他们工地上要不要求系安全带，他们说开会时说过要求系安全绳。那我就对死者家属说，施工单位要求系安全带，是死者不听，这里边死者自身肯定有责任。一般如果工伤死亡，死者方没责任，且死者是城市户口，可以赔偿到 70 万元左右。但是这起案件，死者有责任，就赔偿到 50 多万元。

在这起案件中，我们运用了“面对面”“背靠背”“联合调解”即联合律师、派出所干警调解。派出所在这里就起到威慑作用，死者家属如果有打砸房产商公司等违法行为，就会受到法律制裁。这样死者家属就不敢聚众闹事。而且，告诉他们如果调解不成功，走法院诉讼途径，自己还得收集证据，几个月下来还不一定能得到这么多钱。通过各方面工作，做好死者家属工作，达成调解协议。

这是我到宝塔街道后经手的第一个非正常死亡赔偿纠纷案件，从这个案件到当年六月份，非正常死亡案件一共发生了七个。另外印象比较深刻的还有一个自焚的案件，连续调解了 40 天。

邓：40 天？连续调解是断断续续 40 天，还是一直不断每天都调解？

冯：我们就在事发地的附近宾馆，开了一间房作为调解和事件处理指挥部，我和宝塔街道主任每天在那里接收各方面反馈的信息，每天都去调解。这个案件因为有人拍照上传到网络上了，说是政府强拆导致的自焚，影响比较大，当时正值全国十八大即将召开前夕，社会维稳压力特别大。当时网上炒作说是征地拆迁的自焚案件，其实并不是自焚。是这样的，他已经签订了房屋征收协议，房屋补偿款已经领了 79%。另外 30% 也已经打到他的银行账户里面去了。那个房屋也已经只剩空架子了，里面的东西都搬走了。当时除了补偿款外，还分给他两套安置房。那个户主有两个女儿，他想自己一套，两个女儿一人一套，所以要求再要一套安置房。因为不符合政策标准，所以拆迁项目指挥部就没有同意，他这个房屋就没拆了。

邓：也就是说除了分给他两套安置房，还有补偿款。

冯：是的。除了安置房，还有房屋拆迁征收补偿款。

邓：死者自焚那天是怎么回事？

冯：那是一个私人老板，因为承接了小街小巷提质改造项目，修路工程要经过那栋房屋，他个人私自组织的拆房行为，但导致了死者不满自焚。

邓：当时这个案件是怎么调解的呢？

冯：当时我们就是连续调解了四十多天，每天早上六点半之前赶到那里，晚上到凌晨，非常累。其中，这个案件很重要的一点是，我们必须首先澄清这其实不是政府强拆，是开发商与户主的纠纷。为了澄清这一点，我们专门召开了公检法司会议，让家属参加。公安机关以涉嫌故意损坏公私财物罪，出具了将开发商有关负责人刑事拘留的决定书，给在场家属看了，把这个事件到底是什么事件做了通报，明确这个事件是开发商与家属之间的纠纷，不是政府强拆，这就让家属有个正确的认识。然后，我们请了区政府的法律顾问做了相应工作，请区司法局的调解专家起草了调解协议书。通过这一系列工作，开发商最后同意赔偿 100 多万元，其中有近 50 多万元是宝塔街道为死者生前抢救而垫付的医疗费用。

邓：自焚者死亡当天，家属情形一定很不稳定，你们是怎么安抚他们的呢？

冯：自焚者因抢救无效死亡当天，第一，我们比家属早知道自焚者死亡的信息，所以司法所、公安局、行政部门一起出动了两百多人到死者所在医院，做好防止群体性事件发生的准备。第二，我们组织街道、村干部，到死者所在村做工作。万一发生群体性事件，街道和村干部要尽最大努力化解。也就是我们是分为两组，两边共同施力。因为死者家属比较多，解决纠纷困难大，在必要时候采取一些强制措施，防止事件的扩大。最后，死者家属终于同意签调解协议。我们考虑到死者家属可能认为我们司法所级别不够，就请了包括区政府法律顾问在内的人员等都参与了调解协议签订过程。

邓：当时在调解过程中，赔偿这块遇到的最大困难是什么？

冯：主要是赔偿金额、赔偿法律依据这些问题。因为他不是跟政府谈判，跟政府谈判的话，该怎么处理就怎么处理。但这起案件属于私人纠纷，没有一个具体的赔偿标准，就是没钱就判刑。死者家属提出来，原来有个类似案例赔偿了 200 万元，我们就把那个案例找出来比对。那个案例确实赔了 200 万元，但是我们发现，这两个案例很多情况是不同的。我们就跟死者家属沟通，告诉他们，如果开发商说没钱、不赔钱，这种情况我们也不能采取强制措施去让他执行，只能通过法律途径强制他执行。但因为这一案件并没有判决，法院也不能强制执行。

邓：那最后开发商怎么同意赔偿死者家属的呢？

冯：最后就是政府参与进来，采取了一些必要的行政手段，跟开发商说明这起纠纷如果处理不好，会对其以后发展带来不利影响。同时，让法院也提前介入进来，告诉他如果不积极赔偿，就没有法定的从轻或酌情考虑轻判的情节，会被判处比较重的刑罚。这样通过各方面做工作，最终促使双方达成了调解协议。

邓：您刚才主要提到了做好人民调解员必须处理好各方面的关系，掌握必要的法律知识。那除了这两点，还有什么必备的素质？

冯：第一，政治思想上必须坚定，坚持依法治国，违法的调解不能做。例如，司法确认过程中，如果发现调解过程中存在违法现象，那么调解协议是无效的。第二，调解中必须忠于职守、不计名利、无私奉献。一个纠纷调解不是一调就能成功的，在实践调解中会遇到很多问题。而且往往一个纠纷从早上开始调解，到晚上也没结束，会一直到凌晨。很多调解都是占用下班后的休息时间，这就需要无私奉献的精神。第三，必须加强全面素质与能力培训，使得调解员能够灵活应对各种纠纷。第四，因为每个案子矛盾纠纷的焦点、案由都是不同的，人民调解工作的侧重点不同，所以人民调解员必须具有敏锐的洞察力。这样才能及时了解和掌握影响当地政治稳定的重点矛盾纠纷，提出具体的工作措施，了解社会热点难点问题，快速进入纠纷调解状态之中，提出可行的预防和应急、应变措施。例如，很多纠纷引发了群体性事件，你首先必须把群体性事件处理好了，才能顺利地进行后边的调解工作。第五，人民调解员必须有广博的知识。不仅仅要了解法律知识，其他方面的知识也要了解。例如处理医疗纠纷、劳资纠纷、安全事故纠纷等就需要调解员了解包括医疗、劳动合同法、安全生产等方面的知识。像调解技巧这些可以通过培训和实践去获得，但这些广泛的知识还是需要自己去学习，提高自身素质。第六，调解员必须有较强的语言表达能力和理解能力。在调处纠纷时，首先耐心听取当事人的陈述和诉求，然后根据掌握的证据材料，帮助当事人分清是非，明确责任。然后，根据当事人特征和纠纷性质等特点，采取灵活的方式方法，进行说服教育，消除对立情绪。第七，调解员必须有较强的调查研究能力和总结能力。熟悉多学科知识，及时总结工作经验，找出矛盾发生规律，适时提出解决措施与对策，当好党委、政府的帮手。

邓：冯所，作为一名优秀的人民调解员，您还有其他的心得体会吗？

冯：另外，我认为首先就是要有敬业的精神。要今日事今日毕，不能拖延。今天的事情处理不好，明天又多了新的事情，你更处理不好了。我通过在法院、公安、政府机关等岗位的工作，看到工作人员已经习惯加班加点，提高效率。还有一点，就是必须公道正派、热心人民调解工作。同时，必须具有一定文化水平，政策水平和法律知识。只有这样，才有可能深受群众信赖、认可和信服。最后，调解员应当坚持原则、文明调解、廉洁自律，注意保护当事人的隐私和秘密，尊重当事人的权利。

邓：您就是在公安、法院都感受到了这种工作的常态。那您从事调解后，是工作更累了还是差不多？

冯：相对来说，调解比较辛酸一些。因为像在公安机关，你出去处理一个事情，只要依法去办理就可以，至于结果怎么样，不需要去承担什么后果。在法院，像我们去查封、冻结财产，我去查了，但是没查到财产线索，我也没办法，也不能怪我工作能力不行，就是只要我做了就行了。之所以说调解更辛酸，第一，调解本身需要花费大量的精力，占用自己大量业余时间。第二，在调解中，特别是棘手的案件，调解好了，就会有很大的成就感。但是有时候，纠纷调解好多次，付出了自己很多时间精力，但是都没成效，心理就会很失落，就会想是不是哪里做得不好，没尽到全力。有时候调解吵架离婚的案件，我就想值不值得这么辛苦地去做。我有时候会想，调解好了，是我的本职工作；调解不好，其他人就会怀疑你的能力。而且，家里也会抱怨你耽误自己这么多时间，最后还没调解好，这样心里就有失落感。

另外，调解的奖励机制不健全。调解奖励是靠市、区财政拨款。纠纷调解完成后，报到市、区，然后按照纠纷程度，是一般纠纷、复杂纠纷还是重大纠纷，来给予不同程度的奖励补助。这种奖励补助和所付出的辛劳是不能成正比的。

邓：这个补助是工资之外的？

冯：对，工资之外的。一般纠纷只有 50 块钱，复杂的有 1000 块钱，重大的案件有 1500 块钱。像我前面提到的那几起案件，花费了大量时间精力，也比较复杂，我报上去，觉得应该可以认定为疑难、复杂案件，但是市、区审核下来却是一般案件，这种非正常死亡的案件只能是一般的 50 块钱补助。这样的结果，我们调解员就很难接受。有时候，即使是重大案件，有 1500 块钱，但是参与处理纠纷的调解员有好多个，包括重大案件的处理，没有街道党政领导的高度重视和支持是很难调解好的，那平均下来每人得到的奖励也不高。还有一点，疑难复杂案件补助名额有限制。但是每年发生的疑难纠纷案件不可能受限制，这样就很难确保每个处理疑难案件的调解员都有补助。另外，对于没有做出案卷的，一般调解补助按照人口计算，辖区一个人 5 分钱，平均下来，有的社区、村调解员一年只有 20 块钱补助。

邓：您目前工资大约多少？

冯：我的基本工资有两千多块钱。然后，每年考核出一类、二类单位，再发放补贴。

邓：那您能比较一下调解员与公安、法院工作人员的工资状况吗？

冯：我在法院执行局做代理执行员（合同工）的时候，工资比我进了国家公务员编制后当人民调解员的工资都要高。而且，法院福利待遇比我们好很多。所以，调解经费补助是不足的。

邓：那您有什么动力或者盼头去支撑自己继续从事人民调解工作？

冯：实际上，最重要的是自身把调解作为自己的一项事业，有做好本职工作的责任心。但是，如果有一天，有更好的工作岗位，我可能会选择离开。也就是说，人民调解这块，如果没有一个完善的调解机制，是难以保持稳定的调解队伍的。那么可能说，我有调解经验，到了新的岗位后，原来单位调解人员来找我帮忙调解，那么有时间会去，但如果没时间，不一定会去，因为这不是自己的本职工作。

邓：也就是说调解需要向长久的专业化去发展。您想过调解队伍建设职业化的问题吗？您有什么好的建议和意见？

冯：我认为调解队伍职业化，让专职的调解员调解纠纷很有必要。我建议调解人员专业化后，基层专职调解员必须经过基层组织推荐，经镇（街道）党委、政府考察，由司法所负责聘任，报司法局备案并颁发证书。这就意味着调解员的门槛高了，这样就可以建立起一支政治合格，政策水平、法律水平和文化知识水平较高，能适应新形势需要的高素质专职调解队伍，这对于及时有效化解纠纷，维护社会稳定，又好又快发展经济，营造和谐稳定的社会氛围具有巨大意义。

邓：您认为调解专职化以后，调解员主要的工作职责应该有哪些？

冯：我认为，主要有以下几点：

第一，调处本辖区（部门、行业、系统）内社会纠纷矛盾，防止社会矛盾纠纷激化。通过调解工作宣传法律、法规、政策，教育当事人遵纪守法，遵守社会公德、职业道德和家庭美德。

第二，协助排查调处社会矛盾纠纷，接受人民法院（法庭）的委托，开展诉前调解和诉中调解；参加公安部门的矛盾纠纷调解。

第三，对本辖区排查出来的矛盾纠纷及时梳理调解，对调解成功的案件要制作调解协议书。对调解不成或者难度较大的纠纷及时分流，引导纠纷当事人到人民法院诉讼解决或采取稳控措施，并报所在工作街道或有关部门协调解决。每月要及时向司法所报送有关报表和案例分析报告。

第四，负责监控本辖区重点人员，负责帮教和谈心，随时（尤其是敏感时期）掌握他们的动向，并及时向所在工作街道汇报，对有可能引发重大群体性事件的矛盾纠纷要及时上报，不得隐瞒。

第五，在司法局（所）指导下不断健全完善各项工作机制和工作台账。

第六，按时参加并完成党委、政府安排的各项活动和工作任务。

邓：从湘潭地区来看，调解员提拔晋升的机会多不多？

冯：对于我们目前的干部提拔机制，不会说标准是你调解的案件多少、好坏，因为调解本身是你的本职工作。调解的案例多，只能说你辖区内纠纷多，事情多，跟提拔不提拔你没有必然和必要的关系。

邓：我明白您的意思，我想问一下，在您处理案件的过程中，领导会不会就看到了您的能力？或者说，如果您的调解能力给他留下了深刻印象，以后遇到有晋升的机会，在同等条件下，会倾向于先考虑给您呢？

冯：首先，我们做调解工作并不是为了做给领导看，而且我们的提拔权并不归市司法局管理，而是归区委组织部管理。而区委组织部并没有跟市司法局有直接的联系，也就是说我们调解工作的好坏很难被了解。目前，我们人民调解员并没有考核机制，所以，我希望建立一个调解考核机制。根据调解经历、处理案件的数量和质量、政治品德、法律政策水平等综合考察，并通过调解案件的回访等形成对调解员能力的一个反馈考核机制，通过考核评定出“初级、中级、高级”这样不同等级的人民调解员。现在我们那里是有首席调解员和一般调解员之分。

例如交警队有一个交通事故调解工作室，首席调解员就比普通调解员每个月工资多300元。我认为，我们人民调解可以在原有“以奖代补”政策基础上，按照不同等级增加奖励额度。这样既考虑到案件复杂程度，又能按照等级区别补助，有利于提高人民调解员的积极性。

邓：您所在的宝塔街道有何特殊性？

冯：宝塔街道原来属于高新区，2011年根据区划调整划到了岳塘区。宝塔街道征地拆迁项目比较多，例如2012年就有20多个政府重点工程，包括铁路建设、城乡改造、征地拆迁、集约用地等。随着行政中心的东迁，征地拆迁项目比较多。

邓：那您先前处理过的成功案件会不会在以后处理案件时具有指导借鉴作用？

冯：会的。像调解的方法，就是我们在调解中不断摸索总结出来的。之前类似案件赔偿金额、调解方法都可以参考。我们有时候就把类似案件的卷宗给当事人看，也比较有说服力。

邓：您所在市、区每年会不会开展专门的司法交流？

冯：我们每年都会上报典型的调解案例，有的编制成册。然后通过这种方式，我们相互之间进行沟通交流。

邓：您可以具体介绍一下，调解中需要注意哪些技巧和方法？

冯：调解技巧比较多，比如有“面对面”“背靠背”“冷处理法”“模糊处理法”“亲情感化法”“宜少不宜多”等调解技巧。

调解方法，可以分为三类。第一类是单独调解、共同调解、联合调解。

第一个单独调解。也就是说在纠纷当事人所在地或纠纷发生地，调委会单独进行的调解。这是调委会最常用的的一种方式。像村一级，主要是这种方式。因为村里调解员主要是村干部，对纠纷双方当事人比较熟悉，了解他们的心理特征和性格，就更容易开展深入调查研究，弄清事件的来龙去脉，更易开展调解工作，因此调解成功率也高。

第二个共同调解。共同也就是两个或两个以上的人民调解组织，依照一定程序或者规定，对跨地区、跨单位的民间纠纷进行调解。也就是说，纠纷当事人双方属于不同地区或者不同单位，这种纠纷一般是由最先受理的人民调委会主持调解，其他地区调委会协助调解。这种调解方法，必须在实施之前做好分工，坚持公平、公正，防止地方保护主义的干扰。这种方式还要求调解协议达成后，负责处理该案的调委会必须督促本辖区内当事人认真履行协议。

第三个联合调解。主要是针对涉及面广、危害性大、后果比较严重或者突发性纠纷。像这些纠纷，不仅仅是村级调委会参与，人民调委会联合其他部门，比如群众团体、各有关部门相互配合、协同作战，甚至必要时候可以在当地党委、政府统一领导下，发动政府职能部门以及司法机关共同疏导、调解、处理纠纷。例如医患纠纷，就要有卫生行政部门、调委会等联合作战，相互配合。还有比如死亡纠纷，我们当时遇到了这样一起猝死案件。就是一个高二的学生在军训时中暑猝死，那个事发地不属于我的管辖范围，但是死者户籍属于我所辖地区。这个案件就是我们和事发地调委会，还有教育局联合调解的。我们调委会主要是做死者家属工作，教育局做学校的工作。

第二类就是直接调解和间接调解。

直接调解就是调委会将双方当事人召集到一起，调解纠纷。直接调解是只涉及双方，除了调解员外的其他人不要参与。这类方法适用于情节简单、不涉及案外人，而且尚未激化的纠纷，或者一些涉及当事人隐私或其他不宜扩散的纠纷。

间接调解就是调解员请纠纷当事人以外的第三人参与调解，借助第三人力量调解纠纷。因为调解员能力有限，加上纠纷比较复杂，这时候就需要有深得当事人信任的第三人，比如退休的村干部，德高望重的老前辈等进行劝说、动员、疏导，这样更易于纠纷当事人作出让步，促成调解协议达成。

第三类就是公开调解与非公开调解。

公开调解就是在调解前就把调解的时间、地点公布，邀请当事人家属或朋友参加，允许群众旁听。这种形式最重要的就是起到调解一件、教育一片的效果。大家可以相互交流，各抒己见。但是需要注意几点问题：第一，就是纠纷不涉及公民隐私或者公民不愿公开的信息；第二，比较具有代表性和典型性，能起到很好的教育群众的作用；第三，注意方式方法，以说服为主，不能搞成“批斗会”。

非公开调解就是只有当事人双方和调解员参加的调解。这种方法适用于涉及纠纷当事人隐私或者当事人不愿意公开的信息，如婚姻、家庭、继承纠纷等。为什么采用封闭式的方法呢？因为如果有其他人在场，当事人很多话不愿意说，这类纠纷不公开，当事人才会敞开心扉，说心里话，隐藏在背后的利益诉求才能被发掘，调解员才能更快找到纠纷的症结，对症下药调解纠纷。

邓：您总结得太好了！那像您刚才提到的公开调解，要注意方式方法的把握。在公开调解之前必须得做好很多准备工作吧，不然很容易引起场面的混乱与失控。那你们在公开调解之前一般需要做哪些准备工作？另外一个问题就是，您怎么样判断某个纠纷是适合公开调解又可以公开调解？您可以结合具体案例来给我们讲解一下吗？

冯：好的。前段时间村里面有个征地拆迁的纠纷。事情是这样的，当时当事人已经分到了一套安置房和一个车库，他有两个儿子，就想再要一个车库。但是按照规定，不能再给他车库了。当时就跟他说，这批没有剩余了，如果下批分完后还有剩余，可以考虑再给他一个车库。他就隔几天找村干部一次，要车库。村干部迟迟不给他答复，后来他就把村干部打伤了。当时报警了，派出所来把他拘留了。拘留期满后，他出来了，就来找村里，要求处理这个事情。当时这个事情影响很大，很多人都在观望。像这个案件其实就是该给你的就给你，不该给你的就不给，得讲道理，按程序办，所以要公开调解，依法办理，教育群众，可以减少类似事件的发生。当时这个案件，公开调解的时候，因为涉及村规民约、征收办法等，所以司法所、法院、检察院、律师、派出所、村干部等都参与进来了。我们先让当事人讲了家庭住址、家庭情况、要求，被打伤的村干部说了他的诉求，然后村里代表讲了一些村规民约，律师将相应法律制度，比如安置房分配办法、征地补助办法等讲了一下，派出所同志就将打伤他人、违反社会治安等的处理情况介绍了一下，并告诉当事人如果对行政拘留不服，可以提起行政复议，但是打人绝对是不对的，是要付出代价的。然后，检察院的同志就起到监督作用，比如拘留是否合法，拆迁是否符合规定等问题。律师就跟当事人说，伤者已经做了伤情鉴定，还有医疗费发票，如果到法院起诉，那么打人者一定是败诉的。将这些摆在这里，就给当事人很大压力。

多机关联合调解有很大的优势，他们具有专门知识，法律知识渊博，社会经验丰富，调解技巧运用娴熟，效果比较理想。

此外，我还有个设想，就是建立一个调解专家库，将具有各种专业知识、特定经验的专家、学者、领导纳入此专家库。在日后遇到纠纷矛盾时，可以根据不同纠纷情况，有针对性地邀请专家库的人员参与。

邓：那么这些不同人员来协助调解的动力在哪里？

冯：我们前段时间有个契机，就是“三官一律”进社区活动，即法官、检察官、警官、律师组成一个工作组进驻社区为社区服务，每个社区都有这么一个组织，协助纠纷调解。而且因为我在很多单位都工作过，认识很多人，他们也跟我很熟悉，也愿意来帮助我处理这个事情。

邓：您对于调解不成功的案件是怎么解决的？

冯：调解不成功，我们就引导当事人双方提请仲裁或依法向人民法院起诉。

邓：您是否会在法庭上或者其他机构内参与纠纷调解？

冯：我曾经在卫生局、劳动监察大队、派出所等机构以人民调解员的身份参与过医患纠纷、劳资纠纷、治安纠纷的调解，但是没有在法庭上参与过调解，因为法庭有专业的法官来调解，调解不成就依法判决。

邓：冯所，您所在地的人民调解经费结构是怎样的，经费是否充足？在调解中，你们会适当收取费用吗？您觉得是否应该收费？

冯：我们现在的调解经费都是市、区两级财政按照“以奖代补”形式进行拨付，前面我提到了分为一般、复杂、重大纠纷三种标准。另外，所处的街道会拨付部分调解经费来弥补资金紧缺的不足。我所辖的宝塔街道由于人口多、面积广，经费就略显不足。我觉得人民调解机制现在最大的问题就是缺乏充足的经费来源。

至于调解费用，按照《人民调解法》第四条规定，我们调解纠纷是不收取任何费用的。如果我们有误餐、交通等费用都是到所在街道按实报销。另外，人民调解员因工作致伤生活发生困难的，当地人民政府应当提供必要的医疗、生活补助。同时，按照湘潭市政府文件的要求，县、市、区财政列支的乡镇（街道）调解专项工作经费，在第一年给每个乡镇每年安排 2 万元、街道安排 1 万元的基础上，逐年增加。各乡镇（街道）财政应配套安排相应经费。

我们现在不收取任何费用，我个人觉得不应该收取费用，因为纠纷调解是当事人双方自愿的行为，若收取了任何一方的费用，难免会“拿人手短、吃人嘴软”，在纠纷调解中作出有失公平、违背职业道德的行为。

邓：您参加过调解培训没？

冯：参加过。每年市、区司法部门都会组织两次以上的人民调解员培训。

邓：您认为，这种培训有没有必要？如果有必要，主要是针对哪几方面的培训？

冯：随着社会生活日新月异的变化，矛盾纠纷类型、复杂度都有所增加。另外，现在的调解队伍结构不合理，调解员年龄结构、稳定程度不够，文化素质、法律知识等欠缺，所以很有必要培训。

主要可以针对以下几方面：一是对新出台或修订后的法律法规知识进行讲解；二是增强各种调解能力和调解技巧的培训；三是职业道德和素养的提高；四是加强对征地拆迁、劳动争议、教育、医疗、环保、安全生产、食品药品安全、交通事故等近年来矛盾突出的领域和行业相关知识进行培训。

邓：您对调解员培训有什么好的建议？

冯：我认为培训方式可以多样化，采取技能培训、示范培训、观摩培训、旁听案件审理等多种形式，切实地提高调解员的理论水平和专业技能。

邓：冯所，非常感谢您接受我们的访谈。时间很晚了，今天就到这里吧，下次有机会再向您学习。今天收获很多，再次感谢！

找准“法子” 震住“场子”

——调解能手刘峰访谈录

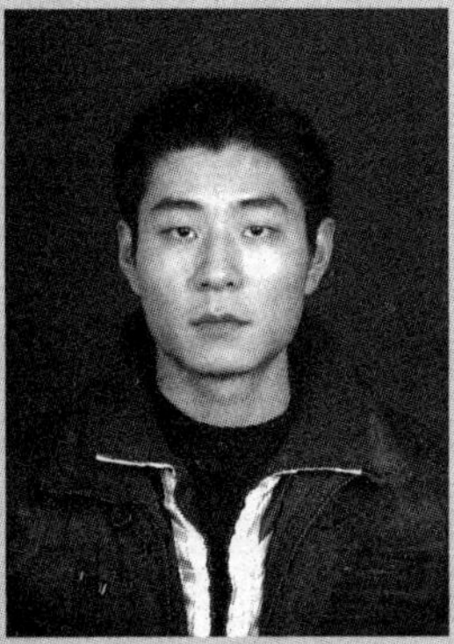

刘锋，2004年12月—2009年12月在广东潮洲75240部队服役（大学生在校入伍）；2009年9月到2010年6月在陕西师范大学学习法学（专升本）；2011年3月—2012年11月，湘乡市司法局工作；2012年11月至今在湘乡市白田司法所工作。

访 谈 人： 邓春梅，湘潭大学法学院副教授
被访谈人： 刘峰，湘乡市白田司法所所长
时　　间： 2013年7月31日
地　　点： 湘乡市白田司法所

邓春梅（后文简称“邓”）：刘所长，您好！我们了解到，您从事人民调解工作虽然时间不是很长，但很有一套自己的办法与经验，成功调解了不少很有影响、也很棘手的案子。今天，很高兴有这个机会，可以跟您聊聊您对人民调解工作的感受与体会。首先，我想跟您了解一下，您认为一个优秀的人民调解员，应该具备哪些方面的基本素质？

刘峰（后文简称“刘”）：关于人民调解员的基本素质，我个人认为，要想

做好人民调解这个工作，首先，要求政治思想方面的立场很坚定。其次，做人要有很强的原则性。因为人民调解工作肯定要求要做到公平、公正、公开。我个人认为，公开公正地处理纠纷，而且纠纷双方一定要自愿，是人民调解工作的基本前提，因此能够坚持住这些原则，就是最基本的要求。调解人员不管如何做工作，都不能违背这些基本的原则。再者，在给当事人双方做工作的时候，一定要注意自己的方式、方法。谈到工作的方式、方法，我认为这是多方面的要求，其中的关键在于要注意观察每个人的思想特点，因为每个人他处理和看待事情的观念和想法都不一样，所以，在与不同的当事人接触时，就要留心去把握好他这个人与别人不同的思想特点。另外，就调解人员的个人素质而言，我认为他还应该具备一定的理论水平。只有具备了一定的理论水平，很多问题的处理才容易找准方向，控制大局。

还有一点，我觉得要想干好人民调解工作，一定要爱这个工作，否则就干不好。我现在在下面一个村子里搞一个试点工作。这个试点工作，就是我们司法所每个人，都对口负责下面一个村子的矛盾纠纷处理与维护稳定等方面的工作。我试点的那个村真的很贫穷，但是有很多小的经济纠纷。通过自己的努力，我用调解的方式帮人家把问题解决了，那时真的就很有成就感，也就慢慢喜欢干这个工作了。

而且，要想做好调解工作，一定要有足够的耐心。我在学校是学法律专业的，在大学读书期间入伍去当兵了，从部队回来后进了这里，现在是干部编制。我客观地讲，我没干调解工作以前，对这种吵架的事情有点烦，甚至想骂人。现在做调解，他们吵起来了，我就不能发火。我刚开始做调解还是那样的，很烦，只想快点处理完每件纠纷。但经过一段时间的实践，我感觉做调解就一定要有耐心，不能操之过急，一定要慢慢来。有时你调解员越心急，越想快点解决这件事，这事反而越不容易解决。还有，我觉得有很多的调解案子，你想一上来，在白天就调解好，往往是有点困难的。硬是要拖到晚上，当事人全都拖累了，就比较容易解决了。有时候，你反复地跟当事人讲道理，通过各种关系人跟他们沟通交流，都没有意义，全都讲不通。其实这类纠纷，主要是涉及钱这一方面，要求赔偿的这一方只想尽量多争取一点，而应该赔偿的一方又只想尽量少出一点，这也是人之常情。但纠纷当事人处于这种心理，不管你怎么努力、怎样急，都没有用。但拖到了晚上，要求赔偿的一方的心理就会起变化，可能觉得都这么晚了，不管自己再怎么坚持，最多可能也就这么多钱了。这时，我们调解员再在一旁打圆场、讲好话、做工作，他也就算了，这个调解就基本上能做成功了。

邓：您刚才说到，做好人民调解员，“要注意观察每个人的思想特点”，那您具体是如何来把握这一点的呢？

刘：站在调解员的立场，我认为对待当事人，无论处理什么样的案件，都有一个突破口。按我在乡下做调解工作的经验，跟70岁以上的老人做思想工作有点困难，因为他们一直生活在本地，接触的面不是很广，见识不多，遇到事情他们有时会比较极端。你跟他们讲道理，他们往往听不进去。这时候，我就会站在他的立场，换位思考，都会有意想不到的效果。打个比方，假如这类老人是因为一块菜地而引起的纠纷。这个事，你跟他说一两次，他根本不会理你，这是正常的。你要继续找他说，到了三四次的时候，你就去他家。你去的时候，不要太性急，要把自已当做不是来调解菜地纠纷的，而是来跟他聊天，帮他做事情、拉家常的。

邓：拉家常？你会说湘乡话吗？

刘：会，我是本地人。

邓：那做些什么事呢？

刘：一些很小的事，比如说看到他想坐下来，就马上去帮他搬个凳子过来。还有一个，因为这些老人的子女经常不在家，平时找个说话的人都难。毕竟我的年龄也不大，我跑去找他们聊天，聊几次，老人们就会有好感。看到他对我有了好感以后，我然后再慢慢地跟他聊，找准时机很自然地转到菜地这个问题上，他的心结就会打开，调解好这个纠纷就有希望了。

如果纠纷的当事人是三十到五十岁的男人，事先就要了解一下，他大概是个什么样的人，再搞清楚引起纠纷的具体是什么样的事，然后再跟他见个面来谈这个事。如果见面时，他表现得很强势，我就会先吓吓他。比如说，我会跟他讲，我现在来调解这个事，都是为了你好。你要是再这个样子，我就管不了了。我不管了，到时派出所的人来了，这个事情的性质就不一样了。但是，这个吓唬人，特别要注意把握好分寸，要适可而止。而且，也不能总是吓当事人，毕竟现在是法治社会了。

就三十岁到五十岁这个阶段来看，我的感受是，处于这个年龄段的女人，一般会难缠一些。特别是乡下的女人，话很多，你跟她讲一句，她跟你讲四五句。我通常的做法是：我在那里先只是听，尽量不插话。听的过程我会做一些笔记，在心里把纠纷的大致经过、主要争辩理出个头绪来。对她没有讲清楚的地方，还有就是我听了不太明白的地方，我都会记录好。等她全部讲完后，我再把不清楚、不太懂的地方问一下她，听她是怎么解释的。如果等到她都解释完了，可能哪一个地方我还有迷惑，这就需要出去，到纠纷现场、到她村子里去找答案。我们是镇级的人民调解委员会，如果对有的纠纷情况不太了解，我还会到下面的村子请村委书记带我去搞调查，搞调解，这也是一种方法。

邓：您感觉，请纠纷发生地的村支书出面，能使调解工作更容易开展？

刘：是这样的。村委书记对在本村常住的人以及村里发生的事都很了解，所以，我们请村委书记帮忙了解情况，组织调解，会省很多心。而且，不是村里一出了事，就找我们来调解，村里的很多纠纷都是他调解成功的。不过，有的当事人，在某些时候会认为村委书记的级别低了，讲话的份量不足，对他调解自己这个事不放心，才会到镇上来找我们出面调解。

其实，按照我们正常的调解工作流程，村里出了纠纷，一般是先找村人民调解委员会；村调解委员会解决不了的，就去找村委书记；村委书记解决不了的，他再带着当事人到我们司法所来。不过，也有些当事人是直接来找我们的，毕竟我们是镇上的，还是有些威慑性。我们都穿着制服，给他们的感觉就不一样。

邓：我想请问一下，如果是你们单独调解案子，和与村委支书一起办案，您觉得两者在技巧上有什么区别？

刘：对于村里的纠纷，一般都有村书记在场。因为村里的事情，他比我们了解得多。有他在场，调解起来应该就方便一些。只是有些时候，我们处理的一些案子，有的当事人一方可能正好是村委书记的亲戚。像这种情况，村委书记就会比较为难。这个时候，我们就会自己下去调解。如果他不能来，我们自己做调解，就会比较辛苦一点。我们就只能对此事件涉及的当事人进行一一的调查走访。我们单独做的话，确实比较难，我们司法所现在的人员配备还是不足的。

邓：你们这里的村子，一般有几个人民调解员？

刘：实际上每个村就一个。

邓：就是村支书一个人做这个事？

刘：对。

邓：村一级的人民调解委员会完全没有别的力量可以用了吗？

刘：我们这里在村子里面正式的人民调解员只有村委书记一个人，但村委会主任，妇联主任，老党员，组长，像这些人，我们平时进行调解的时候都会利用起来，毕竟这个调解工作不是村委书记一个人的事情，是整个村子的事情。除了要他们协助我们进行调解以外，我还会经常做一些法律宣传，给他们上一些政策法律方面的课。

邓：一般来说，人民调解员要是年纪大一点的话，给人感觉要可靠一些。刘所长，像您这样比较年轻的人民调解员，除了您刚才提到的，借助您这个司法所所长的身份，您的制服、徽章、帽子这些以外，您是如何树立个人威信的？

刘：在我来这里工作之前，很多人都跟我讲这个问题，我也想过这个问题。他们给我的建议就是，一定要震得住场子，一去就要尽快办好一件大家都看得见的案子，就是指疑难案子，指那种所里一两年都没能调解得好的案子。他们说，只要我一去就能把这个疑难案子调解好了，那么，我的话很快就有人听了。

邓：那您是办好了什么案子才能“震住”这个“场子”的呢？

刘：我来司法所上班之前，前任所长就调到别的乡镇工作去了。他走了以后，我们镇司法所所长的职位大概空了三个月没人接，积压了很多事情等着我们司法部门这边的人来处理。其实不是说我的能力怎么样，只是我一来，有个村上的一个事情，拖了几年一直没处理好。我一来，就处理好了，就在司法所所长这个位置上做起来了。

邓：您一来，具体调解的是个什么案子呢？

刘：是一个关于房屋宅基地纠纷方面的案子。大致情况是这样的：我们这里下面的一个村子，一个村民想要新建一栋房子。他建房子的地方，就是那个宅基地是属于另外一个村的。于是，想建房子的这个人，就跟另外那个村的村委书记先签了个协议，花钱把那块宅基地买了下来。然后，村委书记再组织与这块宅基地相关的所有村民跟这个人签了个协议，由这些村民同意，把这块宅基地卖给了建房子的人。最后，建房子的人就给村委书记付了 12 万块钱，再由村委书记把这个钱全部分给了相关的村民。严格来说，这个宅基地协议其实是违法的，因为建房子的这个人并不是那块地所属村的村民。那个（宅基）地是集体所有的产权，是不能卖给村子以外的人建房子的。现在，他既然买好了地，就准备要建房子了。但是，新建房子的门前，本来没有现成可供进出的路。所以，那个人要建房子，就必须先修一条路，才能够方便进出。但是将要修的这条路的地基，又是属于另外一个不同的村的。这个村里的人，坚决不同意建房人在他们的地上修路。因为不能修路，建的房子就不能用。这样一来，想建房子的那个人买了地就不想要了，就想找村民把买地的钱要回来。但村民收了这个钱，肯定不想退回去。这样，矛盾就出来了，就来找我们调解。因为开始的那个卖地协议是明显违法的，所以我就联合了一些部门，找那些收钱的村民分别去做工作，最后把这个案子调解好了。

邓：您都联合了哪些部门去做工作呢？

刘：像国土、林业、公证、派出所等部门，都参加了这一次的调解。我去做这个调解的时候，就想：这是我接手处理的第一个案子，一定要好好把握！我就不怕麻烦，多次到拿了钱的每家每户去走访。我跟他们反复强调这个纠纷的利害性，跟他们讲清楚，这个卖地协议在法律上是无效的，跟他们分析相关的责任与后果。经过反复做工作，他们慢慢变得尊重我了。搞了一个星期左右，问题就处理好了。我就组织人员，把每家每户拿的钱都收回来了，退给了那个买地的人。

邓：您一到司法所，就成功地调解了这起棘手的案子，那您觉得跟那些工作经验丰富、比较年长的人民调解员相比，您自己的优势是什么？

刘：我觉得我最大的优势，也是年轻。那些干了十年以上的老调解员，他们已经形成了自己的一套调解技巧和方法，但这些成型的技巧与方法有时也会有局限性，并不是针对每个事情都适用。而我，虽然年轻，但我的想法与他们不一样，我处理的方法跟他们也不一样。所以，有些纠纷，用他们的方法解决不好，用我的却能解决得好

邓：具体“不一样”在什么地方？

刘：比方说，一些老调解员，在双方当事人面对面进行调解的时候，他们总是采取这样一套模式：他会先听当事人双方轮流发表完意见，然后他再进行一个总结，对双方的陈述进行一个评论。实践证明，很多情况下，一开始就让当事人作面对面的陈述，往往会发生争执。我个人认为，如果要尽可能快速地调解好纠纷，需要我们先分别跟当事人一方去单独谈，最后感觉差不多了，再让当事人双方坐在一起，心平气和地谈。这只是我的一点感觉，并不是老调解员做得不好。很多方面，我都比不上他们。他们在调解经验方面比我丰富。另外一个，我感觉很多时候我们跟当事人讲道理，讲法律法规的知识，我们讲得很费劲，但他们根本听不进去。这时候，我觉得你要变向地跟他们去说，换个角度跟他们说。特别是一些年纪大点的当事人，有时你讲你的，他根本没有听你的。这个时候，我就觉得你不能只顾自己讲，要想办法，要观察对方的变化。还有的时候，老一点的调解员他们干这一行久了，态度也不是都很好，我们这些年轻人可能相对会耐心一些。

邓：您刚才说，有些法律知识，当事人不理解，就要改变方式来跟他们进行交流与沟通。关于这一点，您能跟我们讲得具体一点吗？

刘：关于这个改变一下交流方式的问题，我举个例子。比如我们这里有个老头，经常打他的老婆，你跟他说法律规定男女是平等的，女人是有权利有尊严的，怎么能动不动就打老婆呢？这些法律规定是应该要告诉他，但光讲这些，他肯定是听不进去的。我就会跟他说，“你们老俩口有意见可以好好说，打人是不

对的。而且要解决好问题，也没必要打人。再说，你也几十岁的人了，说句不好听的，你要是有个什么意外，还得需要她来照顾。你们俩在一起这么多年了不容易，你说是不是呢?”我会用这样的方式来跟他说，我感觉就会好一些。

邓：刘所长，之前我问了您，要做好人民调解的工作，调解人员应该具备的基本素质是什么。您前面也讲了一些，您提到一个工作态度的问题，比如说做人民调解员要有耐心，要热爱这个工作等。我想再请问您一下，您觉得还有什么也是非常重要的?

刘：还有就是心态要好，不能遇到一点点事情就总是在抱怨，要尽量避免产生消极的情绪。

邓：是的，我觉得调解工作做得好的人首先自己要有一个好的心态。您看起来很年轻，应该是20世纪80年代末出生的吧？那您是怎样做到保持一个好的心态的?

刘：是的，我是87年的。我觉得好的心态与自己的生活习惯有关，当然重点还是在于个人不断地自我调整。这个不好说，要靠自己去感觉。

邓：1987年的呀！您是我接触到的非常年轻的一位司法所所长。我有点好奇，你们这个年纪的调解员，与年长一些的调解员，对调解工作的认识与要求是不是很不一样？你们这个年纪的，是不是像新闻里说的那样，会很在乎工作环境好不好，同事跟我有没有共同语言，诸如此类的事情?

刘：我个人是有这样的心态的。说老实话，我开始来司法所的时候，对这个工作还是有些不满意的。但后来我自己投入进去了，就感觉还可以了。我以前在部队当了五年兵，对个人的生活环境要求很高。我喜欢把我工作的地方搞得干干净净的。不过干人民调解这个工作，最让人得意的，就是感觉自己的人际关系不错。我跟当地人的关系都处理好了，调解起他们之间的矛盾来就越来越容易了，我觉得这个人际关系是很关键问题。

邓：您是怎么跟他们搞好关系的?

刘：我这个人很随性、随和。一般从乡下来这的当事人，他们经常干农活，对自己的形象也不是很在意。他们到我的办公室来，发现我的办公室非常的干净，地板都是亮亮的，就会对我说："刘所长，这里这么干净啊!"我看到他们有些拘谨的样子，就会叫他们随便坐，不用紧张，然后会亲自给他们泡茶、递烟。可能是我给他们的感觉很亲切，就容易跟他们搞好关系。

邓：嗯，不过我还是有点担心，像您这么年轻，又很亲切，那您可能很难在他们心目中树立起您个人的权威性。

刘：这个也不像您想的那样矛盾，我通过给他们办实事来树立自己的威信。一般他们有什么困难，都会来找我。我就尽量通过我的能力去帮他们解决一些问题。反正，只要是我能想办法解决的，我都会尽量去做。当然，基本上他们来找我，都是因为一些不太严重的小矛盾。毕竟我们干的就是调解这个事，一般来找我的，都是要我们帮忙调解纠纷的事。其中最普遍的，也就是一些小事情。比如两个邻居的关系原来就不太好，现在一家的鸡跑到另外一家去了，另外一家可能不太清楚这个事，也不知道多的这只鸡到底是谁家的，就没有把这只鸡主动还给丢鸡的人。丢鸡的人就跑到另外一家附近去骂骂咧咧的，另外一家一听就不干了，于是就产生了冲突。像这种类型的事情，农村经常会发生。我现在在下面一个村子里搞试点工作，蹲点解决纠纷，就调解了很多这样的事情。遇到这样的纠纷，就需要跟双方当事人多进行沟通。而且我觉得，有些纠纷最好不要让当事人到我们这里来进行调解，而是我们亲自过去，到当事人家里去调查情况、组织调解，效果会比较好一些。特别是从下面村子里到我们司法所来，距离比较远，人家来一趟也很不容易。

邓：哦，您现在是驻村的司法所所长？

刘：对，驻村干部。本来司法所所长不需要干驻村工作的。但是，书记说我还是要多锻炼一下，我就下去了。我们到一个村子去驻点，就要管理这个村子所有的大小事务，像帮助这里的经济发展，协助计划生育工作，搞好环境整治等，所有这些方面都要涉及。我们现在是两头跑，有时在司法所里，有时到村里去呆一呆。

邓：您一个月有多少时间在司法所，多少时间在下面村子里？

刘：按我们的规定，一个月要下去村里九次以上，但我基本上每天都到村里转一下，因为我驻点的村子离司法所比较近，大概是十分钟左右的车程，所以我比较方便，一有时间就下去看看。我们镇有些干部驻点的村比较远，下去一趟没那么方便。

邓：刘所长，您是一位学习能力很强的司法所所长，一接手人民调解的工作，很快就做得有声有色了。那您觉得您现在最需要加强的是哪方面的学习？

刘：我觉得最需要加强的是对理论知识的学习。其中，我现在认为最关键的就是学习如何整理、制作好调解案卷，还有就是要掌握好法律宣传方面的技巧与知识。关于调解案卷的制作整理工作，其中人民调解协议书的起草工作，是最能体现一个司法所所长实力的事情。比如我们这里人民调解委员会的李主任，他的卷宗整理得很不错。他是全国十佳人民调解员。他确实是我学习的榜样，我经常学习他整理的调解案件卷宗。

邓：像您来做这个人民调解工作，单位有没有组织一些专门的培训？

刘：有的，像我就参加了一些由市委党校组织的培训。然后，湘潭市司法局每年都会组织司法所所长、部分人民调解员进行一到两次的培训。

邓：具体培训的内容是什么呢？

刘：关于人民调解的技巧、调解员的心态、法律宣传等与本职工作相关的一些事项。今年，还有关于社区矫正工作方面的一些培训，这个也是难点，因为社区矫正涉及一些被判了缓刑的刑事犯罪人员。

邓：在您现在的工作安排中，人民调解和社区矫正工作，在您的时间安排上大致各占多少比例？

刘：人民调解工作大概占工作时间的60%，社区矫正吧，大概占20%左右。目前，我们这里接收的社区矫正人员不多，只有7个人，我们还比较好管理。

邓：刚才我们说到人民调解员的培训问题，那党校主要给你们培训什么内容呢？

刘：党校培训，也是讲一些基本理论方面的知识，我们市司法局的副局长也在党校专门给我们讲课。

邓：哦，我明白了，你们只是在党校里参加人民调解工作方面的培训而已，并不是由党校里面的老师来给你们讲党史、党的政策文件那些内容。

刘：是的。但是，在党校组织我们学习的内容，有些时候也跟我们的人民调解工作不直接挂钩。我们在湘潭市司法局参加的人民调解方面的培训会，针对性更强一些。而且，像今年上半年，我还到司法厅去参加了调解培训。

邓：您觉得这些培训对您工作的开展很有帮助吗？

刘：肯定有用，因为给我们上课的，基本上都是一些资深的教授和领导。像上次讲那个社区矫正的，就是司法厅社区矫正处的处长，他讲课的内容虽然理论性很强，但同时又具有一定的实践指导性，我觉得很有用。总体来说，我觉得每一次参加培训都有用，只是程度的多与少问题。不过，我觉得参加培训学习到的东西，没有用的东西会自动过滤掉，有用的我就会记下来。每次培训，都要有一个自己的体会。当然，培训最好还是要实际一点，与我们的调解工作要密切相关才好。

邓：要实际一点？这个具体怎么来理解？

刘：比如教你一些法条知识，教你怎样来写人民调解协议书，教这些有针对性的东西。还有，教你如何进行法制宣传，法制宣传应该宣传哪些内容或者是怎样去宣传，主要应该针对哪些人群来进行宣传等。

邓：现在你们最需要宣传哪些法律呢？

刘：就是现在最新的六五普法书的内容。我们选择一些与日常生活密切相关的法律条文，这个没有具体规定一定要是什么法。我觉得只要是与农村生活有密切联系的那些法，都应该宣传。我们把一些很实际很有用的法条组织在一起，也就是选出农民经常需要用到的那些法条，然后打印出来，做成一个小册子，在人群最密集的闹市区，挂一张横幅，发放一些宣传资料。现在我们主要是通过这种形式来普法，但普法效果还要想办法进一步加强。

邓：从您的工作实践中，您感觉人民调解员有没有形成专门的职业操守？

刘：专门的职业操守？这个我认为目前还没有确切的内容，这跟每个调解员自身的品格有关系。

邓：比如您到下面去调解一个案子，为了树立权威性，你们内部有没有形成像“不拿群众一针一线”等这样明确的工作准则？

刘：这个不一定，要看情况。在调解案子的过程中，当事人经常会给我递根烟，递个槟榔什么的。我是他们给我吃什么，我就吃什么。只有这样，才能跟他们打成一片。当事人给递烟、槟榔什么的，你要是不接的话，他就会觉得很没面子，这个也是有实践证明的。有次我和司法所的一个同事，我们两个人下村去调解一个案子。当事人就忙着倒茶、递烟和槟榔给我俩。我看当事人很客气地递过来，就都接了吃。我的那个同事，也有可能是感觉乡下人的东西没有那么干净，他们的烟也差一点，喝茶的碗也有茶垢。当然我也不知道具体是什么原因，反正他不抽他的烟，也不喝他的茶。看他这个反应，当事人后来就有意见了。

邓：我看您是非常讲究的人，您为什么那样做呢？

刘：我感觉，我们是做调解工作的，如果你一点都不喝人家倒的茶，不抽人家递的烟，人家就会觉得你的态度有问题，感觉你不容易亲近。如果当事人感觉你不亲近，就不会信任你，自然就不容易调解好纠纷。

邓：刘所长，像您经常在村里搞驻点工作，农村人是最喜欢讲八卦的。因为村里面都是熟人，您在调解过程中可能就会知道很多人的秘密，您觉得对于这些秘密，需不需要保密？

刘：这个不能一概而论，要分情况来看。我认为，如果一个案子所涉及的东西，让其他人知道了，对大家会有帮助，而且又不影响案子当事人的权益的，就可以借鉴一下，大家学习一下。不过，假如当事人有要求的，我们也会尊重他的意见，为他保密。

邓：另外，您觉得你们这里人民调解员的队伍结构怎么样？

刘：我觉得人民调解要加强人员的配置问题。因为我们司法所属于双管单位，一方面受镇政府的领导，一方面受县市司法局的领导。我感觉我们司法所的编制很不够，我们也向县司法局、市司法局和省司法厅反映过这个情况，但一直没得到解决。我们司法所现在主要是两个年轻人搭配着开展工作。关于配合这方面，我们没什么问题，基本上是我主外，另外一个男同事主要是搞内勤。但我们要管很多的事情，人手很不够。有时，我们还需要到外地去办案子。

邓：您还要去外地办案子？

刘：对，我们经常需要去外地办案子。比方说我去深圳办过的一个案子，印象就非常深刻。案子的情况大致是这样的：我驻点的那个村，有一个 20 岁左右的女孩，在深圳打工，认识了一河南的男人。后来，她和这个河南男人结了婚。他们是在湘潭领的结婚证。结婚后，这个女孩和她老公又回到了深圳打工。这个女孩子的老公，因为一些琐事被别人威胁了，就跳楼自杀了。出了这个事，村里的主任就叫我一起去处理这件事，我就第一时间赶到深圳。为什么这个案子让我印象深刻呢？因为这个河南男人是在他打工的工厂厂房里跳的楼，但是工厂与他并没有正式签有用工合同。而且，他跳楼之前，才刚到这个工厂上了十天左右的班，这十天内他还只是偶尔才去上班。所以他跳楼之后，那个工厂的老板不愿意赔钱。深圳当地司法所派过来处理这个案件的调解员，是深圳龙岗街道办司法所下面一个社区人民调解委员会的主任。他们办理起案子来，说一是一，说二是二，跟我们的调解风格很不一样。他们完全是按照规章制度来办事。像这个案子，没有正式的用工合同，工作时间又不长，就不能套用相关的法律。所以，他们说，按他们的惯例，这种情况要是老板出于人道主义的考虑，可以给死者家里出五万块钱来解决。他们说，这是当地人民调解的惯例，再就没有更多的商量余地了。我看他们调解员的身上戴的牌子，是深圳市龙岗司法所的。我们过去后，只是争取到这五万块钱，不过毕竟还是赔了点钱。我对这个案子印象深刻，并不是说这个案子的调解过程本身很复杂，而是深圳那边的调解风格给我留下了比较深的印象。另外一个，这个案件复杂的地方还在于，这个男的在跳楼之前，去法院起诉了那个威胁了他、与他发生纠纷的人，但是法院还没有开庭，他就跳楼了。他这个死因也不清楚，当地派出所查看了他的手机，发现他在死亡之前打了一个十分钟的电话。

邓：是打给谁的？

刘：就是不知道打给了谁，当地派出所后来也没有一个明确的答复。对于他的死，我们自然会联想到那个要跟他打官司的人，甚至会想到，是不是与他发生纠纷的人又威胁了他，才导致他自杀死亡的。因为有这些疑虑，我们在那里调查了一个星期左右，请当地派出所的同志帮忙，但最后也没有什么有价值的发现。当地派出所后来将这个案子定性是自杀案件，既然这样，其他的一切调查就终止了。当然，如果有其他的考虑，也不是我们人民调解员能办的。

邓：如果案子是发生在湘乡市，如果派出所对案子的定性还是自杀，让你们来做调解工作，你们会不会就能把死者的死因查清楚了？

刘：也不能，那些就涉及公安部门的职责范围了，我们人民调解管不到那个。我的印象深刻，主要是觉得深圳那边的人民调解非常原则化。不过，虽然他们说这种情况按惯例只有五万，但我们也有自己的方式、方法。我前面说了，其实每个案子都会有它自己的一个突破口。这个案子也有一个对我们有利的突破口，就是这个老板是湖南的。既然我们都是湖南人，就比较好说话了。通过我们做工作，老板就愿意多出一万块钱。所以，最后赔了死者总共是六万块钱。不过，我们也考虑了老板的实际情况，因为他们这个厂本身也是个很小的制鞋厂，效益也不是很好。老板碰到这样的事，也只能算是他倒霉了。因为他出这些钱，也是出于人道主义考虑，所以我们也不好意思再开口多要。

邓：总之，您对每个案子的调解都是要综合考虑各方面的情况的。

刘：是的。每个案子都有它具体的情况。

邓：非常感谢您给我们聊了这么多关于人民调解工作的经验与体会，让我们深受启发！谢谢！

后　记

《人民调解能手访谈录》一书，是对我省优秀调解经验的一次总结与凝炼，展现了我省调解工作的最新发展情况与调解员们真实的工作风采。本书的出版，凝聚了太多人的关心、支持与帮助，请允许我们以诚挚和谦卑之心在此一一致谢。

首先，要特别感谢湖南省人大常委会副主任、“如何当好调解员系列丛书”总主编谢勇教授。本书从构思到付梓，谢勇教授给予了充分的肯定与多方面的支持，尤其在访谈对象的选择、访谈内容的确定方面给予了大量的宝贵意见与建议。

其次，要特别感谢湖南省司法厅、郴州市司法局、湘潭市司法局诸多人士的大力支持。我们的访谈工作得到了湖南省司法厅副厅长刘道龙、法治宣传处处长刘刚魁，郴州市司法局局长袁少雄，郴州市司法局基层科科长匡美强，湘潭市司法局局长傅军、副局长谢岸烨等多位同志的关心与帮助，他们对基层调解工作的谙熟，是访谈工作最终圆满完成的重要保障。

在访谈过程中，湘潭大学社会学系的邬欣言博士、秦加军博士承担了大量的访谈工作，并为访谈问卷的设计提供了专业的指导与建议。民事诉讼法学科组的胡军辉博士、覃斌武博士为访谈工作的顺利开展付出了辛勤的劳动。此外，民事诉讼法学、法理学专业的研究生吕宗澄、聂滋、张莹、张宝成、杨超、戴党平、潘志坤等同学承担了访谈录音繁杂的文字整理工作，在此一并表示感谢！

通过湖南省教育厅2014—2015年度“海外名师”项目，湘潭大学聘请了美国资深律师、资深调解员戴维德·麦茨教授来湘开展调解和纠纷解决方面的教学科研，麦茨教授为本书的撰写提供了专业的指导，在此对麦茨教授的专业指导表示感谢。

本书是“如何当好调解员系列丛书”中的一本，这一出版计划的提出与选题申报得到了湘潭大学出版社社长章育良教授和责任编辑雷勇博士的大力支持，雷博士还对本书结构的编排和文字的编校做了大量的工作，在此对他们的支持与帮助表示衷心的感谢！

最后，必须再次感谢从繁杂事务中抽身出来接受访谈的调解员们，尤其是那些接受了访谈，但因种种原因其访谈内容未能编入本书的调解能手们。没有他们的参与，本书无缘与读者见面。本书是他们经验与智慧的结晶。

廖永安　邓春梅

2015 年 12 月 10 日

图书在版编目(CIP)数据

人民调解能手访谈录 / 廖永安，邓春梅主编. —湘潭：湘潭大学出版社，2016.4

（如何当好调解员 / 谢勇，廖永安主编）

ISBN 978-7-81128-904-6

Ⅰ. ①人… Ⅱ. ①廖… ②邓… Ⅲ. ①法律工作者—访问记—中国—现代 Ⅳ. ①K825.19

中国版本图书馆 CIP 数据核字（2015)第 314842 号

人民调解能手访谈录

廖永安 邓春梅 主编

责任编辑：雷　勇　刘文情

装帧设计：山和水品牌设计 刘　峰 刘　娟

出版发行：湘潭大学出版社

社　　址：湖南省湘潭市 湘潭大学出版大楼

电话(传真)：0731-58298966　邮编：411105

网　址：http://press.xtu.edu.cn

印　　刷：长沙鸿和印务有限公司

经　　销：湖南省新华书店

开　　本：787×1092　1/16

印　　张：10.25

字　　数：184 千字

版　　次：2016 年 4 月第 1 版

印　　次：2016 年 4 月第 1 次印刷

书　　号：ISBN 978-7-81128-904-6

定　　价：34.60 元